인생은 여행 중

김숙동 수필집

교음사

| 책을 내면서 |

　요람에서 첫 고고의 성, 인생 여행의 길이 열린다. 평범한 여행이 가장 아름답다는 것을 여행의 말미에 겨우 터득한 것이 아닌가 싶다. 지나온 여행 내력을 살펴보면서 혼자 미소를 지을 수 있는 것이 다행스럽다.
　인생은 일거수일투족 모든 움직임이 곧 여행이다. 장거리 여행만이 여행이 아니다. 여객열차인 전철을 타고 서울을 다녀오는 하루 일과도, 친구나 지인을 만나 회포를 푸는 것으로도 즐거운 여행이 될 수 있다.
　철마다 화려한 모습을 보여주는 꽃구경도, 지역마다 동네마다 소문난 맛집을 찾는 것도 즐겁고 의미 있는 여행이다. 친구들과의 단체여행이 생각날 때면 지난날이 어제 일 같아 그리운 얼굴들이 보고 싶어진다.
　집 안에서 애완동물을 기르는 것은 별로지만 철새나 텃새들을 보는 것은 무척 좋아하고 화초를 가꾸는 재주는 없지만 보는 것은 모든 식물을 다 좋아한다. 농촌에서 자라는 곡식은 어린싹에서 수확기까지 자세히 살피면 신비스럽기까지 하다. 동식물도 가까이하고 보면 친구 같은 정감이 간다.

살아온 세월을 거슬러보면 힘들 때도 있었지만 값어치 있는 여행도 있어 미소를 지을 수 있으니 한 생을 잘 지켜온 것으로 생각된다. 젊음을 바친 서울 생활이 가장 값진 여행이 아니었나 싶다. 초기 10년이 가장 힘들고 어려웠지만 '젊어서 고생은 사서도 한다'는 격언이 내게 맞는 말이었다.

어머니 모시고 단 두 식구가 상경하여 결혼도 하고 자식들도 낳아 기르면서 행복한 여행을 하던 때가 엊그제 같은데, 머리에 서리가 내렸으니 남은 여행을 정리할 때가 가까워진 것 같다.

서울 생활을 정리하고 호반의 도시 춘천에서 보냈던 시간은 잊을 수가 없다. 가장 살기 좋은 곳이 춘천이었다. 생활 편의시설이 잘 갖추어져 불편한 점이 없는, 그야말로 그곳이 천국이었다. 산으로 둘러싸인 녹색도시에 맑은 공기, 수많은 계곡에 흐르는 맑은 물, 거기에 북한강 수계의 댐들까지!

인구 100만이 넘는 수도권에 다시 왔지만, 자식들이 가까이 있으니 마지막 여행이 불편함 없이 순탄할 것만 같다.

출간을 지원해 주신 '한국예술인복지재단'과 애써주신 이민호 선생님께 감사드린다.

2025. 8. 김숙동 (강춘)

| 차 례 |

▸ 책을 내면서

1. 계절이 지나는 자리

일출에 소망을 빌고 … 14
봄이 온다면 … 19
7월을 맞는 마음 … 24
8월은 특별한 달 … 29
수확의 계절 … 34
늦가을 어느 날 … 39
풍요의 계절 … 43
늦가을과 초겨울 … 48
첫눈이 폭설 … 53

2. 발길 따라 마음 따라

집을 나선다 … 58
마트 다녀오기 … 63
여행의 즐거움 … 68
동해를 못 잊어 … 73
풍물시장 … 79

백운대가 날 보자는데 … 83
금강산 관광 … 87

3. 추억의 다른 이름, 그리움

꿈을 꾸다 … 94
꽃밭에 사는 처제 내외 … 98
고향집 살구나무 … 102
그리운 얼굴 … 107
그때 그 친구 … 112
반세기를 돌려 본다 … 116
임의 궁 예방 … 121

4. 하늘과 바람과 별과 함께

달을 보면서 … 126
요즘 눈이 호강한다 … 130
식물들의 살상 … 135
까치를 보면서 … 140
매화 … 145

마늘 … 150
소나무 수난시대 … 155
일기예보 … 160
공해와 함께 사는 세상 … 164
기다리는 마음 … 169

5. 모든 날이 아름답다

믿음 치료 … 174
학생들이 희망이다 … 179
김치 예찬 … 183
설거지 … 188
어느 출판기념회 … 193
손수건 … 198
뚱딴지 … 202
복중에 날벼락 … 206
디-ㅇ동댕 … 210
친절과 이해 … 215
타고난 밥그릇 … 220
지나갑니다 … 225

1

계절이 지나는 자리

일출에 소망을 빌고

　새해가 되면 할 일도 많지만 기대하는 것도 특별하다. 천지가 꽁꽁 얼어 움직임이 부자연스러운데도 새해가 되면 해돋이 마중이 관관상품이 된 지도 꽤나 오래된 자연스러운 행사가 되어 일출 명당에는 푸른 숲이 우거진다.
　건강도 챙기면서 소망도 빌어보는 신년 해맞이 관광은 해가 갈수록 인기를 더해간다. 전국의 명소에는 저마다 좋은 자리를 차지하기 위한 경쟁으로 즐거운 비명이다. 송구영신의 새로운 마음가짐으로 일 년에 한 번 있는 이날을 특별히 챙기려는 수많은 사람의 소망을 응원하고 싶다.
　저 멀리 남쪽 제주도에서 휴전선 근처까지 일출 명당에는 희망이 넘쳐난다. 추운 날씨에도 어린 자녀까지 동반한 화기애애한 가족이 있는가 하면 부모님까지 온 가족이 함께 나온 가화만사성 팀도 있고 아직 풋내가 가시지 않은 젊은 남녀가 사랑을 약속하는 장소로 선택하고 온 세상을 얻은 듯 행복 가득 가슴에 안고 새해 첫 일출 앞에서 소망을 빌어보는 성스러운 장소가 되기도 한다.

해맞이 관광은 연령에 특별한 차이는 없지만 젊은 사람들이 대부분이어서 푸른 숲속에서 펼쳐지는 희망의 잔치다. 어쩌면 추위 때문에 더 따뜻해지는지도 모르겠다. 넘쳐나는 젊음을 지켜보는 것도 또 다른 즐거움이다.

푸른 바다 넓게 펼쳐진 동해안, 일출 명당 중 명당이다. 해맞이 하면 첫손가락이 정동진이다. 이름도 알려지지 않았던 이곳이 어느 때 갑자기 일출 명소로 떠오르기 시작하면서 각광 받는 명소가 되어 지금은 기차역이 생기고 호텔이 몇 개씩이나 생겨나는 천지개벽이 되어가고 있다.

해맞이 명소가 여름철 명소까지 되어 휴가철이면 이곳을 찾는 젊은이들이 넓고 푸른 동해바다를 가슴 가득 안고 인생 설계를 하는 또 다른 명소가 되어가고 있다. 꿈도 희망도 무한한 푸른 바다를 보면서 키워가는 젊은 청춘들이 부럽기만 하다. 젊은 시절 가끔 찾던 속초 앞 푸른 바다가 눈앞에 펼쳐진다.

일출의 또 다른 명당 포항 호미곶, 옛날에는 이곳이 전국에서 가장 알려진 곳이었는데 좋은 곳이 많이 생기면서 일등 자리를 넘겨주었지만 지금도 이곳은 많은 사람의 머리에 각인되어 일출 명당으로서의 값을 톡톡히 하고 있어 연말 연초가 되면 인산인해가 따로 없다니 일출에 소망을 빌어보는 사람들의 간절한 희망이 꼭 이루어졌으면 좋겠다.

최북단 고성에서의 일출 관광객도 무시할 수 없을 만큼 많은 것으로 알려지고 있다. 금강산이 지척인 이곳에서의 해맞이는 또 다른 특별한 감회가 있을 것으로 생각된다. 북한 땅 원산에서도 해맞이 행사가 이루어지고 있을까. 같은 나라 같은 땅에서 마음대로 오갈 수가 없으니 붉고 둥글게 솟아오르는 해님에게 함께 할 수 있는 날을 빨리 맞이할 수 있도록 빌어보고 싶다.

여명의 새벽부터 해맞이를 기다리는 많은 사람의 소망은 무엇일까. 저마다 다른 소망들을 갖고 붉고 둥글게 솟아오르는 태양신에게 자기의 소망은 꼭 이루어지도록 빌어보는 간절함이 인간의 본능이 아닌가 싶다.

동해의 일출에 그토록 열광하는 이유가 무엇일까. 내륙에서의 해맞이는 앞산에서 솟아오르는 둥근 해를 보면서 한 해의 소원을 비는 것으로 해맞이를 했지만 동해에서의 해맞이는 바다에서 솟아오르는 붉은 해를 보는 것으로 장관이 아닐 수가 없다. 소원을 빌면 반드시 이루어질 것으로 믿음이 가는 곳이다.

제주도를 찾는 수많은 사람 중 성산일출봉에서 새해 해맞이를 하는 관광객들은 대부분이 젊은 층일 것 같다. 가파른 언덕을 올라가면서 평지보다 불과 몇 초 먼저 해를 보면서 소원을 빌어보는 그 진실성에 소원성취가 꼭 이루어질 것만 같다. 더 높은 백록담도 있지만 일출의 명소는 제주도에서는 역시 성산일출봉인 것 같다.

오래전 나도 가족들과 함께 새해 첫날 해맞이를 하면서 소원을 빌어보던 일이 어제 일인 듯 생각이 난다. 호반의 도시 춘천에서

단란한 생활을 하던 시절 우리 집이 아파트 앞 동 고층이어서 일출을 보는 것은 매일 봐도 즐거웠지만, 새해 첫날 딸들과 함께 볼 때는 소원을 빌어보는 특별한 날이기도 했다. 앞산에서 솟아오르는 해를 보는 것도 잊을 수 없는 감격이었다.

정동진은 해맞이를 나온 젊은이들이 아름다운 마을로 만들었다. 방송을 타면서 급속도로 발전을 거듭해 기차를 이용할 수도 있게 되었고 편의시설도 호텔에서부터 맛집까지 어엿한 동네를 이루어 연말연시가 되면 푸른 바다와 함께 젊음이 넘쳐나는 푸른 청춘의 동네가 되어 동해안 명소가 되어 간다.

동해안에서 맞이하는 일몰 때의 낙조 또한 황홀하기 그지없는데 관광 상품이 되지 못하는 것이 안타깝기도 하다. 석양의 아름다움은 탄성이 나올 만한데도 일출과 대비되는 것은 아름다운 노을이 사라지면 뒤따라오는 적막이 싫어서일까. 어둠을 밀어내면서부터 서서히 세상을 밝히면서 솟아오르는 일출 광경은 이 세상 모두에게 희망과 행복을 주는 광명 그 자체이다.

북유럽의 몇 나라는 연중 몇 개월은 해가 지지 않는 백야의 세상이어서 시간개념도 가늠하기 어렵고 반대로 몇 개월은 해가 뜨지 않는 암흑의 세상이라니 일출도 일몰도 모르는 그런 세상도 있는데 해맞이 관광에 열광하는 우리는 행복한 자연환경 하나만으로도 복 받은 민족이라는 자긍심이 생긴다.

일출에 소원을 빌어보는 전 국민의 최대 소원인 평화통일은 언세쯤 이투어실 것인가. 세계 유일의 분난국가인 이 나라가 언세 어느 때 소원이 이루어져 마음대로 남북을 오가면서 태평성대를 노래할 수가 있을까. 이산가족들의 재회의 소망을 일출에 빌어보지만 희망이 절망이 되어 가고 있다. 이산가족의 수효는 나날이 줄어드는데 철책은 점점 더 굳게 닫히고 민족의 통합은 멀어지는 것만 같아 암울하기만 하다.

하지만 세상일은 절망만 할 일도 아닌 것 같다. 철벽을 쌓았던 동서독이 하루아침에 허물어지고 통일 대업이 이루어지는 것을 보지 않았는가. 우리에게도 그런 날이 올 수 있다는 희망을 갖고 일출에 다 같이 소원을 빌어보자.

봄이 온다면

    봄, 말만 들어도 기다려지는 계절이기도 하고 까마득한 옛날이 생각나는 인생의 첫 계절이기도 하다. 화려하게 꽃이 피는 계절이기 전에 어머니와 함께 살아온 옛날이 머리를 들고 일어선다. 철모르던 어린 시절 어머니는 힘이 들었지만 나는 참으로 행복했다.
    내가 원하는 것은 다 들어주셨다. 철이 들기 전에는 그것은 당연한 것으로 생각했고 또 그렇게 살아왔다. 어머니로서는 아들이 이 세상 전부였으니 할 수 있는 것이라면 무리를 해서라도 들어 주셨던 것 같다.
    고삐 풀린 망아지가 된 나는 주변 사람들로부터 손가락질을 받는 못난 아이가 되어 있었지만 그런 것도 몰랐고 그로 인해 어머니는 못난 자식을 둔 불쌍한 여인으로 치부되었던 것을 안 것은 먼 훗날이었으니 지금 생각해도 부끄럽고 오금이 저려 온다.
    너무 일찍 혼자가 된 어머니는 힘한 세상에 던져져 강하지 않으면 살아갈 수가 없다는 것을 몸소 체험하면서 앞에 닥치는 일이라면 아무리 어려워도 마다하지 않으셨다. 그렇게 살아오신 세월을 생각하면 시간을 역류라도 시켜보고 싶은 심정으로 가슴이 터질 것만 같다.

학교에 입학을 하면서 조금씩 철이 들기 시작하여 착한 일과 나쁜 일을 구별도 할 줄 아는 아이가 되어 동네 어른들로부터 칭찬을 받는 순한 양으로 변했으니 학교 선생님 말씀을 잘 들었던 것 같다.

그렇지만 어머니의 어려움은 해결의 길이 없었던 것 같다. 두 식구가 먹고사는 문제가 정말 어려웠던 것 같다. 씨족사회가 마을을 이룬 집성촌이었지만 누구도 도와주는 사람이 없었고, 도와줄 형편이 되는 그런 처지도 못 되었던 것이 당시의 이웃들이었던 것 같다.

천애 고아처럼 아무리 어려워도 스스로 해결해야 했던 시절, 넓은 창문을 활짝 열어 밝은 세상을 마음껏 볼 수 있게 이끌어 줄 사람이 있었다면 얼마나 좋았을까 가끔씩 생각해보기도 했다. 주변 환경의 영향을 받아 강해진 어머니였다. 누구의 도움도 원하지 않았고 스스로 해결했다.

난방과 취사에는 땔감도 필요했다. 산에 가야 얻어지는 땔감은 남자들이나 하는 일이었지만 어쩔 수가 없었다. 조그만 임야가 있어 솔령(나무를 베는 허가)을 얻어 땔감을 마련했지만 운반이 문제였다. 큰 집 소로 실어 나르면 2, 3일이면 될 일을 도와주지 않아 혼자 져 나르느라 골병이 들어 평생 고생을 하신 일을 생각하면 지금 생각해도 가슴 아프다.

 몸이 아파도 시골에 병원이나 약국도 없었지만 있었다고 해도 찾아갈 형편도 못 되었으니 말로 전해오는 조약을 할 수밖에 없었다. 일요일이면 두 모자가 밥을 싸 가지고 이웃면 깊은 산골에 비단개구리를 잡으러 갔다. 깊은 산골 청정한 일급수에만 사는 개구리인데 왕복 10킬로가 넘는 길을 가서 한 자루 잡아 오면 새끼줄에 한 마리씩 끼워 말려서 가루로 만들어 먹는 것이 치료 방법이었다. 다행히도 효험이 있어 해마다 먹은 것이 수천 마리는 될 듯하다.

 개구리 잡으러 가는 날은 시골에서 경험하기 어려운 소풍날이다. 특별한 반찬이 없어도 점심시간은 행복했다. 깊은 산속에서 먹는 밥맛은 꿀맛이다. 어머니와 먹는 소풍 밥이 오늘 왜 이렇게 그리울까. 된장과 고추장뿐인 쌈밥이 왜 그렇게 맛이 좋았을까. 어머니 정이 새삼 그립다.

 푸른색 붉은색 노란색으로 알록달록한 비단개구리는 참으로 예뻤다. 장시간 개구리를 잡다보면 독성이 있는지 손바닥이 아프고 따가워서 고통스러웠다. 그럴 때 해결 방법이 또 있었다. 쑥을 뜯어 두 손으로 싹싹 비벼 즙이 나오면 그 즙이 특효약이다. 병원이나 약국이 없어도 해결할 수 있는 방법이 있었다.

 지금 생각해도 그때 살아온 것이 신기하기만 하다. 아버지 사후 중국 체류 일 년 동안 악착같이 벌어 모은 돈을 가져와 논 600여 평을 산 것이 선 재산인데 여사의 힘으로 농사를 지을 수 없어 남에게 맡겨 절반을 받아 이것으로 두 모자가 살았으니 기적 같기만 하다. 비료도 없던 시절 소출이 형편없었을 텐데 그것을 가지고 아끼고 아껴 일 년을 버티었으니 몸과 마음이 얼마나 지치고 아팠을까.

엎친 데 덮친 격으로 2, 3년 흉년이 들었을 때는 벼를 심지 못하고 조 농사를 지었는데 사이사이 심은 무가 사람을 살린 것만 같다. 조밥도 맛이 없는데 무를 쌀알만큼 송송 썰어서 밑에 깔고 조밥을 지으면 한두 끼도 아니고 정말 진저리가 났지만 그 와중에도 내 밥은 무가 조금만 섞이고 어머니는 무밥으로 사셨으니 목숨을 부지한 것만도 기적 같은데 잊고 산 지난날이 아프기만 하다.

30대 때의 어머니를 상상해본다. 인생의 황금기를 풀 한 포기 없는 사막에서 사신 것만 같다. 먹고 살기 위해 시작한 길쌈은 혹독한 시련이었으리라. 초보에서 기능인이 될 때까지 겪는 그 고통이 오죽했을까. 주변의 질시를 모른 척 앞만 보고 자식만을 희망으로 살아오신 세월, 얼마나 힘들었을까.

철이 들기 시작하면서 어머니 혼자 진 무거운 짐을 조금씩 나누어지면서 어머니 앞을 막아섰던 안개도 사라지기 시작했는지도 모르겠다. 현실은 어려워도 꿈은 조금씩 커 가는 봄이었던 것 같다. 어떻게 해서라도 농촌에서의 탈출을 위해 안간힘을 쓰던 시절이었다.

농촌에서의 탈출도 어머니의 힘이었다. 어머니가 마련한 농토가 서울 생활의 기본 자산이었다. 서울로의 탈출에 적극 찬성해 주신 어머니의 힘이 아니었다면 농촌 탈출은 어려웠을 것이다. 목숨 같은 농토를 처분한 돈으로 서울 생활을 시작했고 두 모자의 피나는 노력으로 자리를 잡게 되었으니 모든 것이 어머니의 힘이었고 우리 가정에 봄이 온 것도 어머니 힘의 결실이다.

 인생의 봄도 계절처럼 몇 번씩 온다면 하는 조금은 엉뚱한 생각을 해본다. 너무 아픈 세월을 철들 때까지는 나만 행복해했으니 어머니의 어려움은 더욱 컸으리라는 생각이 들면 봄이라는 계절을 지우고만 싶다.

 하루 빨리 싱싱하고 푸른 여름이 와서 어제를 잊고 오늘로만 살고 싶다.

7월을 맞는 마음

　세상이 푸르름으로 울창한 계절인데 마음이 왜 울적할까. 지난달부터 시작된 장마가 이어져 오고 있어 우중충한 날씨 때문에 맑고 깨끗해야 할 기분이 대중탕 신세라도 지고 싶은 심정이다. 해마다 겪어야 하는 장마는 조용히 보내는 해도 반갑지가 않은데 심술을 부리는 해는 여름이 지겨워진다.
　여름 과채가 입맛을 자극하는 풍요로운 계절인데 심술꾸러기만 없다면 얼마나 좋을까. 노지 딸기와 수박 참외가 지천인 계절에 장마가 심술만 부리지 않는다면 사랑하는 가족들과 잔치판을 벌일 수도 있는 좋은 날들이 얼마나 많을 텐데 하늘이 어두워지면 또 걱정을 하게 되니 하늘을 쳐다보는 게 버릇이 되었다.
　무섭도록 몰아치던 겨울바람이 여름에도 불면 얼마나 좋을까. 장마철 비구름도 바람이 분다면 멀리 밀려날 텐데 찌는 듯한 날씨에도 지루한 장마에도 바람 한 점 구경하기 어려우니 그래서 여름인가? 참으로 숨 막히는 여름이 지겹다. 하지만 여름이 있어 모든 식물의 결실이 있고 그 결실로 모든 동물과 사람이 살고 있는 것을 생각하면 장마도 뜨거운 햇볕도 감사해야 할 판이다.

   7월이 오면 젊은 시절 시골 생활이 생각나고 그때를 회상하면 참으로 아름답기만 했던 것 같다. 친구들과 어울려 수박 서리를 하던 일이 생각이 나면 꿈만 같다. 늦은 밤 친구 3, 4명이 미리 보아둔 수박밭에 살금살금 들어가 수박 서리를 하는데 원두막에서 지키던 주인이 눈치를 채고 소리를 지르는 통에 걸음아 날 살려라 도망치던 일을 생각하면 지금도 웃음이 난다.
   도망갈 때는 각자 도망을 가고 지정해 둔 만날 장소에서 다시 만났을 때는 또 다른 서리를 해야 하는데 다시 모인 장소가 고구마밭이었다. 고구마라도 캐려고 땅을 팠지만 그때가 7월이라 고구마가 새끼손가락 정도밖에 자라지 않았으니 또 허탕을 치고 추억만 만들었던 그때가 생각난다.
   시골인심이 참으로 좋던 시절이었다. 닭서리도 하고 복숭아 서리도 했지만 그때는 들켜도 엄한 처벌이 없었고 장난으로 받아주던 너그러운 마음씨가 지금 생각해도 그립기만 하다. 지금은 길거리에 떨어진 물건도 주워가면 절도로 몰리는 야박한 세상이 되었으니 지난 세월 인심이 그리울 수밖에….
   지난날 수박 서리가 실패는 했지만 두고두고 생각이 난다. 그때는 여름에는 맨발로 다닐 때가 많았는데 그날도 모두가 맨발로 서리에 나섰던 것이 아직도 기억에서 지워지지 않는다. 신을 신지 않앉기에 물논으로 도망가도 신발을 잃어버릴 염려가 없었으니 잊을 수 없는 추억의 한 토막이다.

지금은 흙을 밟으면 건강에 좋다고 하지만 맨발로 다닐 만한 땅이 마땅치 못한 현실이다. 큰길은 말할 것도 없고 인도도 콘크리트 아니면 아스팔트로 포장이 되어 흙을 밟고 다닐 만한 길을 찾기란 쉽지 않은 세상이 되어 옛날 시골길이 자꾸만 눈에 아른거린다.

시골도 옛날 같지 않지만 도시는 물도 흙도 공기도 오염이 되어 마음 놓고 살 수 없는 세상이 되고 말았다. 개천의 물은 수생동물이 살 수가 없고 숨 쉬는 공기마저 오염이 되어 아침이면 먼지의 오염도를 확인해야 하니 공짜라고 생각했던 물과 공기가 많은 돈을 들이게 하고 있다.

발로 밟지 않고는 살 수 없는 땅이 오염이 되어 맨발로는 밟을 수 없는 흙이 되고 말았다. 근교의 산길도 마음 놓고 맨발로 밟을 수가 없을 만큼 오염이 되어 맨발로 흙을 밟으면 좋다고 하지만 누구도 맨발로 걷는 사람을 볼 수가 없으니 맨발로 밟고 설 땅은 과연 어디란 말인가.

옛날 시골에서는 새벽에 망태를 들고 개와 닭 등 동물의 똥을 줍는 어른들이 있었다. 흙과 섞어 부패하면 유기농 거름으로 사용하였는데 그 덕분에 동네 골목이 깨끗해지던 모습이 어렴풋하게 보인다. 맨발로 다녀도 아무런 탈이 없던 그때를 생각하면 오염된 오늘이 안타깝기만 하다.

7월은 조금은 특별한 달이다. 해마다 찾아오는 장마의 달이기도 하지만 대부분의 곡식들을 키워주는 달이기도 하다. 장마의 달이라고 매일 비가 내리는 것도 아니고 구름이 걷히는 날은 어김없이 찜통더위다. 연중 가장 더운 소서와 대서 그리고 초복과 중복이 이 달에 집중되어 있다. 하여 재충전의 시간을 위한 휴가도 이달부터 시작된다.

일 년 열두 달을 24절기로 구분하여 농사에 활용한 조상님들 지혜에 감탄을 금치 못한다. 한 달에 두 번씩 있는 절기는 보름마다 한 번씩 지금 시대에도 활용을 하고 있으니 참으로 경이롭다. 춘분과 추분은 밤낮의 길이가 같고 하지와 동지는 낮의 길이와 밤의 길이가 가장 긴 날인데 그 옛날 그것을 어떻게 정확히 알았을까 감탄이 절로 나온다.

바다를 동경하던 수많은 시민이 바다에서 춤을 춘다. 사랑하는 가족들이 정다운 친구들이 바다를 찾아 해수욕을 즐긴다. 벌거벗고 마음껏 즐길 수 있는 바다는 그동안 쌓인 피로와 스트레스를 파도가 깨끗이 씻어준다. 단체로 즐길 수가 있어 더욱 좋은 바다, 국토의 삼면인 동, 서, 남 삼면의 바다가 춤을 추는 마음껏 즐길 수 있는 때가 바로 이때부터다.

7월은 지난날 농경사회에서는 모처럼 허리를 펴고 쉴 수 있는 여유 있는 달이었다. 벼농사가 주업이던 시절 김매기까지 끝내고 풍년과 흉년은 하늘의 뜻에 맡기고 풍년이 들기만을 기다렸던 그 때를 어정칠월이라고 했는데 지금 아서는 노동자들이 모처럼의 휴가를 즐기는 휴가철이 되었으니 연장선상인 것만 같아 특별한 달로 생각이 되어 챙기고 싶다.

과채가 제철을 맞으면서 즐겁기만 하다. 맛은 수박이 으뜸이지만 덩치가 커서 부담스럽다. 손질하기도 까다롭지만 냉장실 신세를 져야 하니 쉽게 손이 가지 않고 만만한 것이 참외다. 참외는 내 입맛에 잘 맞고 딸들도 좋아하니 우리 집에서는 대접받는 과채다. 단맛도 적당하고 아삭한 식감이 식욕을 자극하니 우리 집 식탁에 단골손님이다. 이달이 가기 전에 실컷 먹어야겠다.

눈 뜨고 고개만 돌리면 보이는 것이 꽃이었는데 꽃 세상 봄철도 어느 사이 달아나 버리고 초여름 꽃 장미와 이팝꽃마저 자취를 감추었다. 푸른 초목이 그 자리를 대신하고 있지만 꽃구경에 목이 마른데 7월 중순이 넘어서니 기다리던 배롱나무꽃이 나를 찾아왔다. 백 일 동안 릴레이로 아름다움을 선사하는 이 꽃을 나는 유난히도 좋아한다. 한 달쯤 지나 만개할 날을 미리부터 손꼽는다.

8월은 특별한 달

    8월이 왜 이리 더운가. 입추와 처서 절기가 든 가을이 시작되는 달이라고 하는데 너무 덥다. 요즘은 사람들이 휴가를 7월보다 이달에 더 많이 쓰는 것도 더위의 영향이 아닌가 싶다. 기승을 부리던 더위가 마지막 심술을 부리는 날이 말복인데 쉽게 물러서지 않는 더위다.
    몇 년 전에는 짜증스럽던 장마가 끝나는 줄 알았는데 더 큰 수마가 수도 서울을 물바다로 만들어 난리가 났었다.
    무슨 심술인가. 강남 지역을 집중 강타, 대통령도 집안에서 정무를 봐야 하는 일이 벌어져 전대미문인데 반지하에서는 인명피해까지 생겨 온 국민이 놀라 수해 예방의 일로 한동안 시끄러웠다.
    한 달 이상 비가 오다 말다 하면 지겨워 사람들이 장마를 싫어하는데 큰 피해만 주지 않는다면 다행으로 생각해야 할 판이다. 집중호우가 내릴 때면 수도권 댐마다 수문을 열어 서울이 물에 잠길까 걱정할 정도가 되었으니 당연히 지하차도나 지지대 도로는 자량 통행이 금지가 되고 사람의 통행마저 금지되는 곳까지 있었지만, 재산 피해는 더 심했다.

특별한 저지대가 아닌 곳에도 시간당 집중 폭우가 쏟아지면 하수처리 능력이 감당을 못하여 하수도가 역류 현상까지 생기면서 집안까지 물이 쏟아져 들어와 가재도구가 물에 잠겨 그 피해가 목불인견인 곳이 한두 곳이 아니었다. 흙탕물에 잠겨 쓰레기가 되어 집 밖으로 버려진 가재도구를 보는 것은 내 것이 아니어도 가슴이 아픈데 당사자들의 마음이야 말로 해 무엇 할까.

뒤늦은 장마로 해수욕장도 제구실을 못하는 것 같다. 마지막 더위인 말복까지 지나고 장마의 여파로 더위가 주춤거리면서 해수욕장이 매스컴에서 조금씩 밀려나며 금년 여름도 파장이 된 느낌이다. 그러나 아직은 농산물의 생육이 왕성해야 할 계절인데 장마 여파로 채소의 생육이 좋지 않아서인가 채소 값이 천정부지 너무 오른다.

농촌 사정은 어떠한지 궁금하다. 채소 값이 비싸니 농촌 수입이 그만큼 올라갔을까. 전례로 보면 중간 상인의 배만 불리고 생산자는 별 볼 일이 없었는데 현재 형편이 그때와 같지나 않을까 의심스럽다. 도시의 소비자가 비싸게 치른 값은 당연히 생산자가 혜택을 입어야 할 것이거늘 그렇지 못한 지난날의 텅 빈 들판이 황량하게 보인다.

지구촌 인플레 현상에 우리도 휩쓸려 간다. 인플레를 막아보려

금리인상에 전 세계가 힘을 모으지만 하루 이틀에 해결될 일이 아닌 것 같아 걱정스럽다. 모든 물가가 다투어 올라가지만 당장 필요한 채소 값이 피부에 와닿는다. 배추 값은 너무 올랐는데 품질마저 만족스럽지 못하니 몇 배나 오른 것 같은 느낌이다. 천 원짜리 이천 원이 되는 것과 오천 원짜리 만 원 되는 것은 비교 자체가 다르다. 하루 빨리 시장이 안정되기를 바랄 뿐이다.

 이달은 아주 특별한 달이다. 치욕의 역사에서 광복을 찾은 달이다. 되찾은 만큼 민족이 행복해야 하는데 강대국들의 틈바구니에서 분단된 국토가 수많은 세월 힘겨루기를 하면서 마음 놓고 살 수 없는 현실이 안타깝기만 하다. 강대국들의 이해관계에 우리가 끼어 고래 싸움에 새우 등 터지는 격이다.
 1945년 8월 15일 일본 천황의 항복 방송에 일본말을 모르는 사람들도 함께 춤을 추며 만세를 부르면서 환호했던 우리 민족. 재방송 재재방송을 몇십 년 후에 들어도 또 듣고 싶은 너무나 감격스러운 날이었다. 잃었던 모든 것을 한꺼번에 찾는 환희의 날이기도 했다.
 나라를 잃은 국민은 죄인이었다. 달라면 무엇이든 다 주어야 했다. 쌀을 수탈 당하고 초근목피로 연명을 해야 했고 2차 대전 중에는 집안의 쇠를 모두 빼앗아갔다. 그뿐이 아니었다. 위안부라는 명목으로 미혼녀는 모조리 잡아갔다. 잡혀가지 않기 위해서는 나이가 어려도 결혼을 시키는 기막힌 일이 당시의 사정이었다.

　우리말과 우리글을 빼앗기고 조상 대대로 지켜오던 성도 빼앗겼다. 홀어머니와 살던 나는 어린 나이에도 내 도장이 있었는데 창씨개명을 해야 했기에 김 씨 성을 가내야마라는 김산으로 써야 했다. 나는 어려 아무것도 모르니까 어머니가 어쩔 수 없이 그렇게 한 것 같다. 광복 후에 내 도장도 해방이 되어 김산에서 산 자를 파내고 그 자리를 비워낸 도장을 상당 기간 사용한 것 같은데 언제 왜 없어졌는지 지금은 내 수중에 없어 참으로 아쉽다.

　나라를 찾으면서 모든 권리를 찾고 자유도 찾았지만 국토가 두 동강이 나면서 천만이 넘는 동포가 부모형제와 헤어져 다시는 만날 수가 없는 광복이 아닌 암흑에서 살고 있다. 남녘에서는 자유민주주의도 찾고 경제대국으로 우뚝 섰지만, 북녘에서는 전쟁 준비에 핵 개발까지 하면서 수많은 동포가 고통 속에 살고 있으니 진정한 광복은 요원하기만 한 것 같다.

　일본어로 일본 교육을 받은 세대는 참으로 불행한 세대인데 이제 남은 분이 얼마 안 된다. 우리말로 우리글을 제대로 교육받은 세대의 세상인데 언제쯤 통일이 되어 진정한 광복을 이룰 수 있을까. 지구상에 분단국가였던 베트남과 독일은 통일이 되어 승승장구하는데 우리는 언제쯤 그들 국가처럼 될 수가 있을까. 가장 부러운 것이 통일국가가 아닌가 싶다.

　미워도 멀리할 수 없는 것이 이웃인가. 일본은 경계하면서도 가까이해야 하는 국가가 되고 있다. 수출이 그 나라의 국가경제를 좌우하는 21세기에는 어떤 나라도 멀리해서는 안 되는 시대가 되었다. 나라마다 강점 있는 제품이 있어 서로가 주고받으면서 상부상조하는 시대가 되어 일본과도 멀리만 할 수가 없어 가까이 하려고 노력하는 것 같다.

국가 간에도 자존심 싸움이 대단하다. 위안부 문제와 강제징용 문제로 한 치의 양보도 없이 밀고 당기는 한일 문제는 얽힌 실타래가 되어 좀처럼 풀리지 않고 있다. 서로가 조금씩 양보하는 방법은 없을까. 과거도 중요하지만 현재와 미래는 더욱 중요하니 하루속히 해결이 되어 원원하는 이웃이 될 날을 기다려보는 8월이다.

수확의 계절

 가을은 모두가 좋아하는 계절, 4계절이 뚜렷한 우리나라 계절은 저마다의 특성이 있어 철마다 좋은 점들이 너무 많지만 가을은 보내지 않고 잡고만 있고 싶은 특이한 계절이다. 춥지도 덥지도 않은, 사람이 가장 살기 좋은 계절이기에 책을 가까이하기에 가장 적합한 계절이기도 하다.
 천고마비의 계절, 독서의 계절, 수확의 계절 등 수식어가 너무 많은 철이다. 지난날 어려웠던 시절에도 나름대로 가을은 풍성했다. 보릿고개를 넘으면서 주린 배를 채워주는 유일한 계절이 가을이었다. 봄여름 땀 흘린 보상을 가을은 어김없이 풍성하게 보답해주었다. 늦은 봄이나 여름에도 수확하는 작물이 없는 것은 아니지만 소량에 지나지 않는다.
 먹고 사는 작물의 대부분을 내어주는 가을철은 인심 좋은 구세주다. 오곡백과가 풍성하게 익어가는 가을철이야말로 생각만 해도 배가 부르고 신이 나는 계절이다. 넓은 들판을 누렇게 물들이는 벼

이삭은 가을의 진풍경이요, 붉게 익어가는 과일들은 스쳐 지나가기만 해도 향기롭다.

　사색에 잠기는 계절이기도 하다. 귀뚜라미가 뜰아래서 울면 가을이라 했던가. 어딘가 좀 쓸쓸하기도 한 고적한 시간을 가져볼 수도 있는 계절이 가을이기도 하다. 조용한 시간 책을 마주하면 시간 가는 줄을 모르고 깊이 빠질 수 있는 계절, 여름 동안 쓸 수 없었던 글들도 이 계절에는 깊이 있는 글들을 써보고 싶다. 지겹도록 무덥던 지난여름 글 한 줄 쓰기도 힘들었는데 이제는 갈 길을 찾을 수 있을지 이 가을과 함께할 일이 많을 듯하다.

　가을은 수확만 있는 것이 아니다. 수확이 끝나면 모든 것을 내어줘야 하는 계절이기도 하다. 풍성했던 들판은 텅 빈 허허로움으로 한 해를 마무리하고 내년을 준비한다. 한없이 맑고 파란 하늘은 높기만 하다. 걸핏하면 미세먼지 때문에 외출도 쉽지 않은데 이 가을에는 그런 걱정쯤은 멀리 보내도 될 듯싶다.

　올가을에는 마스크 벗고 시원스레 여행 한 번 해볼까. 만산홍엽 단풍 구경이나 할 수 있으면 좋겠다. 40여 년 전 친구들과 부부동반 다녀온 내장산 단풍 구경이 어제 일인 듯 눈앞을 스친다. 늦가을 다녀온 단풍 구경은 오랫동안 잊을 수가 없었다. 단풍 시즌이라 길이 밀려 고생했던 일도 잊을 수가 없지만 내장산 아기단풍이랑 감나무마다 빨갛게 매달린 그 많은 감이 지금도 눈앞에서 춤을 춘다.

　가을 하면 단풍이 사람들의 눈길을 끈다. 단풍 하면 유명한 명소가 얼마든지 있겠지만 설악산 단풍도 정말 화려했었다. 한계령을 넘으면 오른편 언덕배기에 화려한 단풍이 불타는 듯 사람의 정신을 아찔하게 할 정도의 단풍 명소로 생각할 만하다. 사람의 접근이 어려운 지형이어서 멀리서 볼 수밖에 없는 것이 더욱 신비롭기까지 했었는데 잊을 수가 없구나.

자연의 신비가 참으로 경이롭다. 겨울의 나목에서 봄이면 연녹색 잎이 돋기 시작해서 짙은 청색 잎으로 여름을 보내고 가을이 되면 화려한 옷으로 바꿔 입었다가 그마저 미련 없이 벗어버리는 모습을 우리들에게 보여주고 있다.

경기도 가평군 청평면 상천리 호명산에 박정희 대통령 시대에 만들어진 인공호수(호명호수)가 관광지가 되고 있다. 전기가 남아도는 야간에 산꼭대기 호수에 물을 끌어올렸다가 낮에 전기를 생산하는 시설은 지금은 미미하지만, 설비 당시에는 부족한 전기 사정에 크게 도움이 되었으리라고 생각된다. 지금도 발전시설은 정상 가동되고 있어 관광자원이 되고 있다.

호명호수 구경을 갔다가 오면서 기막히는 단풍 구경을 했다. 특별히 높은 산도 유명한 산도 아닌데 단풍 절경만은 정말 특별하다고 자랑할 만했다. 가을이 우리에게 주는 특별한 선물인 것만 같았다. 가을은 우리에게 풍성하고 넉넉함도 주지만 쓸쓸함도 함께 주는 이중적인 계절이기도 하다. 하지만 그래도 좋다.

풍성한 이 가을에 나는 무엇을 얼마만큼 수확할 수 있을까. 화려한 단풍 구경이라도 가면 포만감을 느낄까. 구경도, 동반자도 있고 친구들도 있어야 흥이 나고 즐거울 텐데 내게는 모두가 멀리 가 있다. 호명산 단풍 구경이 내게는 마지막 단풍 구경이었던 것 같다. 함께 했던 그때가 꿈속이었던 듯 아련히 저 멀리 자꾸만 멀어져 가고 있다.

　이 가을이 지나고 나면 추운 겨울이 오겠지. 풍성하던 들판은 황량한 벌판으로 변하고 그 벌판에는 멀리 추운 나라에서 날아온 철새들이 떼 지어 먹이 사냥을 하는 장관을 보여 줄 것만 같다. 추수가 끝난 들판에는 떨어진 낱알들이 수많은 철새들을 불러들이고 사람들은 희귀 철새들을 보겠다고 너도나도 탐조관광에 동참하게 된다.

　주어진 계절을 적절히 잘 이용하는 것이 사람들의 능력이다. 옛날 우리 조상들의 농경시대에는 하늘만 쳐다보는 선대로부터 전해 내려오는 방식만 답습하는 발전이 없는 농사로 가난을 면치 못하고 농한기가 되면 지루한 시간을 도박으로 때우다 곤경에 처하는 경우도 비일비재했지만 이제 시대는 변했다.

　농한기가 없는 부농의 시대가 왔다. 가을이 저물어간다고 걱정하던 시대가 지나갔다. 눈 내리는 겨울에도 여름 채소를 마음껏 먹을 수 있고 여름 딸기나 수박을 계절과 관계없이 한겨울에 먹을 수 있는 시대가 되었다. 비닐하우스에서 시작한 신 농법이 선진 농업국과 교류하면서 스마트팜 시대로 과학적인 영농시대의 문을 활짝 열었다.

　도시로만 몰리던 청년들의 귀촌으로 노인들만 남아 있던 농촌이 젊어지고 있다. 대학에서 농업 전문 교육을 받으면서 과학적인 영농으로 새로운 농업 전문시대를 이끌고 있다. 유기농 전문 사업장이 늘어나면서 안전한 먹을거리로 국민들의 건강을 지키는 데도 일조를 하고 있다. 메뚜기를 쉽게 볼 수 있게 되었고 농촌 어디에서도 반딧불이를 볼 수 있는 날도 멀지 않은 것 같다.

곤충들이 살 수 없는 세상은 사람도 안전할 수 없다는 진리를 뒤늦게 깨닫고 친환경 농약으로 방제를 하면서 환경파괴가 옛말이 되어 머지않아 흥부네 집에 행운의 박씨를 물어다 주던 제비를 전국 어디에서도 볼 수 있는 날이 올 것만 같다. 빨랫줄에 떼 지어 앉아 노래하는 제비들을 보고 싶다.

이 가을에 얻어지는 수확은 인간과 자연의 합작으로 얻어지는 농작물만은 아니다. 끝없이 높고 파란 가을하늘, 마음껏 마실 수 있는 맑고 싱그러운 공기, 여름 동안 탁해졌던 계곡마다 흐르는 맑은 물은 가을이기에 수확하는 청정한 자연이다. 대수롭지 않게 보아 넘길 자연이 아닌 우리가 지켜야 할 보배들이다. 나는 과연 이 가을에 어떤 뜻깊은 수확을 할 수 있을까?

늦가을 어느 날

그렇게 무덥던 찜통더위도 늦가을이 되니 거짓말처럼 사라졌다. 아침저녁이면 서늘해지니 긴팔 옷을 입고 발걸음도 가볍다. 하늘도 한없이 높아졌다. 아침 산책길이 경쾌하다. 우거진 잡초 속에 씀바귀가 끈질긴 생명력으로 긴 꽃대에 예쁜 꽃을 피웠다. 노란 꽃이 반갑게 웃고 있다.

봄에 피는 민들레가 변종 꽃을 피우는 줄 알았다. 씀바귀 꽃이 이렇게 민들레꽃과 흡사한 줄은 진즉에는 몰랐다. 노랗게 웃고 있는 모습이 귀엽고 사랑스럽다. 길가 잡초를 정리하지 않은 시청에 불만을 가졌는데 뜻밖에도 우거진 잡초 속에서 나를 즐겁게 해주는 예쁜 꽃을 만났으니 아이러니다.

겨울 철새들이 아침 일찍부터 공원 위를 떼 지어 날고 있다. 오리들이 성질이 급한가, 겨울 철새 중 제일 먼저 찾아왔다. 적게는 세 마리에서 많게는 열일고여덟 마리까지 활공하는 모습이 장관이다. 어떤 무리들은 개천물로 낙하하여 헤엄치는 모습 또한 오랜만에 보는 구경거리다.

황금 물결이던 들판이 허허벌판이다. 그렇게 흔하던 벼메뚜기가 올해는 구경조차 할 수가 없었다. 금년에는 모내기 시절 시끄럽던 맹꽁이 소리를 들을 수가 없었고 여름철 잠자리도 보이지 않고 금년 여름에는 매미들의 노랫소리를 들을 수가 없어 곤충들까지 자취를 감추었나 걱정스럽다.

가을의 전령사 귀뚜라미가 이민을 갔나. 늦가을이 되었는데 귀뚜라미 소리가 들리지 않는다. 한때는 시끄럽다고 귀찮아했었는데 그립기만 하다. 귀뚜라미가 흔할 때는 식용으로 개발한다는 얘기까지 돌았었는데 어디 갔을까. 가을이면 당연히 먼저 들을 수 있었던 귀뚜라미 노랫소리가 태엽이 끊어졌다.

논밭에서 먹이를 구하던 곤충들은 농약의 남용으로 씨가 마를 지경이지만 귀뚜라미는 논밭이 아닌 사람이 살고 있는 건물의 지하나 장독대의 돌 틈에서 가끔씩 볼 수도 있었고 노랫소리는 시끄러울 만큼 흔했었는데 자취를 감추고 보니 농약 탓을 할 수만 없는 기이한 현상, 앞날이 무서워진다.

시원한 날씨 탓에 산책하는 발걸음은 한결 가벼워졌다. 국화과의 야생화가 작은 꽃이지만 무더기로 피어 지나가는 길손들에게 예쁜 모습으로 인사를 한다. 망초밭에 간신히 살아남은 코스모스가 뒤늦게 여기저기 개화가 시작되니 그나마 가을 정취가 살아난다.

체육공원 안에 있는 축구장엔 운동선수들보다 축구장 바깥을 걷는 사람들이 훨씬 많다. 남녀노소 구별할 것 없이 축구장을 계속 돌고 있다. 빨리 걷는 사람, 천천히 걷는 사람 저마다 운동하는 모습이 행복해 보인다. 축구장 바깥을 걷는 코스가 축구장보다 인기 있는 코스가 되어 아침 일찍부터 활기차다.

걷는 사람들 중에 신체 한쪽이 불편한 분이 뒤뚱거리며 걷는 모습, 애잔한 모습으로 한참 동안 지켜봤다. 조금이라도 건강을 찾으려고 노력하는 모습을 보면서 별 탈 없이 걸을 수 있는 것만으로도 감사하다는 생각을 했다.

건강할 때는 당연한 것으로 생각할 뿐 신체의 중요성을 실감 못하지만 어느 한 곳이라도 탈이 나면 그때 건강의 중요함을 깨닫게 된다. 전철 안에서의 어느 날이 생각난다. 시각장애인이 구걸하는 모습, 청각장애인의 수화 모습 너무 아픈 현장을 보면서 그들에게도 마음의 안정만이라도 있기를 기도했었다.

체육공원 한편에 우뚝 세워진 체육센터가 동네 명물 명소가 되었다. 1층에 있는 실내수영장이 단연 인기 명소다. 연중 이용할 수 있어 건강지킴이뿐 아니라 수영 강사와의 물놀이 재미에 이용자들이 줄을 서는 명소가 된 것 같다.

층마다 운동시설이 있지만, 수영장 위에는 비워 두어 3, 4층에서도 수영장을 훤하게 볼 수 있어 쾌적한 환경이 일품이다. 여성 전용인 것 같아 남자들은 다른 운동시설을 이용하지만, 수영장을 구경하는 것만으로 불만은 없는 것 같다.

풍성하던 가을도 늦가을이 되니 왠지 쓸쓸하다. 텅 빈 들판처럼 내 마음도 허허롭다. 여름 철새들은 소문 없이 떠나버렸고 겨울 철새들이 찾아들어 인사인지 시위인지 아침 일찍부터 공원 위를 떼지어 활공하는 모습에 나도 한번 날고 싶다. 행글라이더를 타고 새들처럼 날고 있는 사람들처럼….

창밖을 내다보니 정원수들이 어느 사이 단풍이 곱게 물들어 한 해를 마무리하고 있다. 텃새들도 겨울 준비를 하는지 숫자가 현저히 줄어 참새도 까치도 겨우 몇 마리씩만 나들이를 하고 있다. 행운을 몰고 온다는 까치가 흑백 연미복을 입고 아침 산책 때마다 동행해 주는 친구였는데 어디 갔을까. 겨우 몇 마리 만나기도 쉽지 않으니 더 추워지면 나타나지 않을까 걱정이다.

먹이 저장도 할 줄 모르는 텃새들이 추운 겨울을 어떻게 보낼까. 곰이나 개구리처럼 동면을 하는 것도 아니고 해마다 겪는 엄동설한, 신기하기만 하다. 봄이 되면 거짓말처럼 나타나 새로 집을 짓고 번식을 하는 것을 보면 텃새들의 생존 방식이 요술쟁이 같다.

그 흔한 국화꽃이 우리 동네에는 구경조차 할 수가 없으니 웬일일까. 아파트 정문에도 매년 장식해 놓던 국화가 금년에는 보이지 않으니 그 또한 섭섭하다. 늦가을이어서일까. 이래저래 허전하고 쓸쓸하다. 풍성하던 가을 끝자락이 되니 정리해야 하는 계절만큼이나 마음 정리가 앞장서는 하루가 저물어 간다.

풍요의 계절

 가을이 익어 간다. 감나무에도 밤나무에도 가을이 걸려 있다. 빨간 열매가 주렁주렁 달려 있는 대추나무 가지에도 가을이 걸려 있다. 10월은 가을의 끝자락이어서 오곡백과가 저마다 신이 나서 춤을 춘다. 저마다 먼저 보아 달라고 손짓을 한다. 익을수록 겸손해져 고개를 숙이는 벼들도 한 해를 마감하고 농부들의 마음과 함께 내년을 기약한다.
 농경시대에는 참으로 축복받는 일 년을 기다려 온 달이기도 했다. 모든 것이 부족하던 지난날 우리의 부모님들은 인정으로 서로가 의지하고 기대면서 친척은 말할 것도 없고 이웃들과도 늦가을이 되면 햇곡으로 만든 떡을 나누던 미풍양속이 이웃마저 없어진 이 시대에 그리움으로 남는다.
 10월은 예나 지금이나 모두가 좋아하는 달이기도 하다. 하늘은 푸르고 한없이 높다. 이 푸른 하늘을 철새들이 오고 간다. 여름 철새들이 먼 남쪽 나라로 떼를 지어 날아가는 것을 보면 얼미나 힘이 들까 안쓰럽기도 하다. 우리나라에서 새끼를 길러 가족이 함께 날아가는 새들은 기뻐할까. 새들의 세계가 궁금하다. 겨울 철새들은 우리나라에서 겨울을 나려고 온다. 멀리 시베리아에서 우리나라 기온이 따뜻해서 좋다고 오는 철새들도 있는 것을 보면 세상은 요 지경이다.

늦가을이 되면 농촌 풍경이 그리워지는 것은 도시에서 느낄 수 없는 낭만 때문이다. 농촌에서만 느낄 수 있는 일이 너무 많다. 논밭에서 거두는 수확의 재미는 농부들만의 특권이다. 밭에서 거두는 작물들은 힘이 들어도 뿌듯하다. 땅속에서 고구마가 주렁주렁 올라오면 그간 힘들었던 일은 잊어버리고 이웃들과 나누어 먹을 생각에 즐겁기만 하다.

가을에 농촌에서만 체험할 수 있는 메뚜기 잡기는 정말 즐거운 체험이다. 늦가을에 잡을 수 있는 벼메뚜기는 알이 통통한 암컷이 크기도 수컷보다 두 배도 더 큰 것이 잡을 때 재미도 있지만 집에 와서 볶아 먹으면 그 맛 또한 일미였다. 늦가을 서리가 내릴 때 논둑에서 잡을 수 있는 벼메뚜기가 후드득 날아다니는 것만 같다. 단풍이 든 메뚜기 색깔이 이채롭다.

한동안 무분별한 농약 살포로 곤충이 씨가 마를 지경이었는데 다행스럽게도 농약 사용을 자제하게 되어 유기농 농사를 하는 농가가 늘어나면서 벼메뚜기가 살아나 음식점 술안주로 등장하는 것을 보고 무척 반가웠다. 도시 사람들은 메뚜기 먹는 것을 보고 징그러워하다가 먹어보고는 금방 달라진다.

곤충을 식량화한다고 연구 중이라는데 거부감 없이 먹을 수 있는 것이 쉽지 않아 언제쯤 좋은 결과가 나올는지, 메뚜기 외에는 입에 넣을 수 있는 곤충이 없으니 요원하게만 생각이 된다. 맛이 좋고 영양분이 풍부하다고 해도 당장 거부감이 있으면 식량화가 될 수 없으니 분말로 잘 만들면 부식이나 간식 정도는 가능하지 않을까 싶기도 하다.

모든 것이 넘쳐나는 계절에 쓸데없는 걱정을 하고 있으니 참새 떼들이 웃을 일이다. 먹이 창고가 없어 저장할 줄을 모르는 참새들이 가장 배불리 먹고 살을 찌우는 계절, 넓은 들판이 참새들의 창고이자 식당이다. 참새들과 함께 이 가을에 가장 신나는 동물이 다람쥐인 것 같다. 다람쥐는 먹이를 저장할 줄 아는 신기한 동물이다. 가을이면 무척이나 바쁘다. 도토리와 밤이 익어 떨어지면 열심히 물어다 저장을 한다.

다람쥐는 누가 봐도 예쁘고 귀여운 동물이다. 애완동물로 길러도 손색이 없는 귀염둥인데도 함께 할 수 없는 것은 왜일까. 이 가을에 잘 익은 밤알을 물고 가는 것을 보면 귀엽기가 그지없다. 역시 동물이라 건망증이 심해 저장고를 잊어버리고 몇 군데 저장고를 만든다니 안타깝기도 하다.

과일들이 익어가는 풍경을 도시에서는 볼 수 없는 것이 안타깝다. 이 가을 농촌 풍경이 한없이 아름답다. 밤알이 익어 벌어져 떨어지는 모습은 참으로 아름답고 풍요롭다. 대추나무에 빨갛게 익어 주렁주렁 달려 있는 모습은 한 폭의 풍경화다. 감나무에는 까치가 찢어질 듯 달려 있는 감들이 붉게 물들어간다.

　모두가 도시인들이 느끼는 감상이다. 현지 농민들에게는 힘겨운 추수의 일감일 뿐이다. 아름다움을 느끼기 전 반드시 해야 할 일들이기에 구경만 하는 도시 사람들과는 시각차가 완연하다. 젊은 시절 농촌 생활을 해본 나는 서로의 시각차는 충분히 인정이 되지만 좋은 방향으로 생각하고 싶다. 모두가 맞는 생각이기에….

　10월도 중순이 지나면서 추수와 함께 단풍이 아름다워진다. 서리가 내리면 하루가 다르게 단풍이 들고 잘 익은 과일나무에는 까치가 먼저 맛을 본다. 후각이 뛰어나서일까, 당도 높은 과일만 쪼아 먹는다. 머지않아 추위가 오면 순수 토종 텃새인 까치와 참새는 먹이 저장도 못 하는데 미리부터 걱정스럽다.

　식생활이 풍요로워지면서 여유를 즐기는 사람들이 많아졌다. 이 가을에는 특히 단풍을 즐긴다. 전문 산악인이 있을 만큼 산을 찾는 사람들이 많아지면서 심신을 단련하는 등산 인구가 넘쳐난다. 북한산 백운대를 친구들과 함께 올라 맞은편 인수봉을 로프를 타고 오르내리는 산악인들을 보면서 손에 땀이 나도록 아슬아슬했던 지난날이 어제인 듯하다.

　새해 봄이 되면 남쪽 바닷가에서부터 꽃소식이 왔었는데 가을 단풍 소식은 북쪽에서부터 내려온다. 설악산 대청봉에서 내려오기 시작하면 오대산을 거쳐 서울의 북한산까지는 순식간이다. 울긋불긋 화려한 단풍이 사람들을 산으로 불러 모은다. 사람들의 취향도 제각각이어서 어떤 사람들은 하얀 억새풀을 보겠다고 억새 민둥산을 찾는 사람들도 적지 않다.

  10월도 하순으로 접어드니 수도권에도 단풍이 화려해진다. 아파트 단지 수목들도 울긋불긋 치장을 하고 가로수들도 단풍 대열에 한몫을 한다. 한 해 동안 자기 몫을 열심히 한 나무들도 소임이 끝나면 내려놓을 줄을 아는 것을 보면서 세상사를 뒤돌아보게 된다.

늦가을과 초겨울

아직도 단풍이 남아 있어 눈은 즐겁지만 마음부터 서늘하다. 숨막히게 뜨겁던 여름을 생각하면 콧노래라도 불러야 할 텐데 기온이 내려가면서 여름이 잊힌다. 얼마나 기다리던 가을인데 금방 지나간다. 아직은 중부지방에도 단풍이 남아 있어 가을 정취를 안고 있지만 옷자락을 여미게 된다.

11월이 되면서 절기상으로는 겨울에 들어선다. 초에 입동이 있고 말에는 소설까지 들어 있다. 하지만 11월은 초에는 남쪽 지방에 단풍이 절정이어서 인파가 북적이니 아직은 가을이다. 젊은 시절 초등학교 동창생들이 내장산 단풍 구경에 신이 났던 그때가 11월 7일이었다.

잊을 수 없는 추억이다. 인파가 붐벼 교통 혼잡으로 고생한 것도 아기단풍 구경으로 잊을 수 있었던 그때가 정말 좋았는데 지금은 타계한 친구도 흩어진 친구도 만날 수 없어 그립기만 하다. 감나무에 붉은 감이 주렁주렁 달려 마음대로 딸 수 있어 후한 인심까지 잊을 수가 없다.

  내장산 아기단풍은 전국적으로 유명하여 사람들이 몰려들어 제철에는 편안한 관광이 쉽지 않지만 웬만한 불편은 감수하고라도 내장산 찾는 인파가 북적이는 것이 생각이 나면 지금도 한 번쯤 가보고 싶다. 내장사 법당에 들러 부처님께 절을 하고 소원을 빌어 보던 지난날이 아련히 생각난다.

  곡식으로 무성하던 들판이 서리가 내리면서 휑하니 비어 있다. 가슴 가득 풍성하던 들판인데 허허롭다. 미처 떠나지 못한 철새들이 열을 지어 하늘 높이 날고 있는 모습이 왠지 쓸쓸해 보인다. 시원한 바람은 잠시일 뿐 금방 추워질 것만 같다. 높은 산에는 눈발이 날린다는 소식이고 보면 가을은 잠시 쉬어가는 계절이 되고 있다.

  여름 철새가 떠나고 나면 겨울 철새가 찾아든다. 겨울 철새 중에 진객이 더 많은 것인가. 두루미와 재두루미 천연기념물들이 환영을 받으면서 찾아올 날도 머지않겠지. 여름 철새들은 춥다고 남쪽 나라로 멀리 떠나는데 겨울 철새들은 우리나라가 따뜻하다고 북쪽에서 날아온다니 신기하기만 하다.

  참새와 까치는 나름대로 추위를 피할 방법이 있을까. 텃새들은 먹이를 저장하는 것도 아니고 그렇다고 따뜻한 집이 있는 것도 아닌데 날씨는 하루가 다르게 추워지고, 해마다 그런대로 겨울을 잘 넘기는 것을 보면 나름 재주가 비상하다. 텃새인 참새와 까치가 사람들과 가까운 곳에서 친구가 되어 정이 든 것 같다. 새벽잠을 깨우는 참새 소리도 반가운 손님을 불러주는 까치 소리도 정답기만 하다.

　가을인가 싶었는데 겨울이 되고 보니 옷차림이 무거워졌다. 전철 안 옷매무새가 겨울 차림으로 바뀌어 간다. 각양각색의 의상을 패션쇼를 보는 눈으로 감상을 하면 세상이 재미있다. 무심히 보아 넘기면 아무것도 아니지만 하나하나 뜯어보면 옷을 만든 사람들의 정성이 보이고 그들의 뜻을 알아보려 생각하면 모든 의상이 작품으로 보인다.

　아파트 조경수가 종이 다양하여 단풍도 시차를 두고 아름다움을 선사한다. 멀리 가지 않아도 묘미를 느끼고 계절의 진미를 만끽할 수 있어 수시로 창을 통해 보면서 변화하는 모습을 체크한다. 울긋불긋 화려한 색상들 사이에 푸른 소나무가 여름보다 진하다. 이사 온 지가 여러 해가 되어서인가 제자리를 잡은 듯 창창한 모습이 영락없는 낙락장송이다.

　성질 급한 종은 일찌감치 잎을 털어버리고 나목이 되어 홀가분해 보이고 느긋하게 화장을 하는 종도 있다. 유심히 새겨보면 참으로 재미가 있다. 단풍나무는 여러 종이 있어 연중 붉은 종은 이름값을 하고 이름과는 달리 푸른 단풍나무도 있지만 단풍철에 제값을 한다. 꼭대기부터 붉게 물들기 시작하면 하루가 다르게 아래로 내려오면서 마지막에는 새빨갛게 물든 모습이 정말 화려하다. 눈을 뗄 수가 없다.

　조경수가 숲을 이룬 정원에 피톤치드를 마시러 산책을 나간다. 참새들이 짹짹짹 까치들은 까악 꺅 이름 모를 새들까지 합창 소리

들리고 음악회에 온 듯 즐거운 기분으로 산책을 하다보면 어린아이들이 경기장에서 장난감 보드를 타는 모습 또한 쉽게 볼 수 없는 아파트 풍경이다.

지상에 차가 없는 아파트, 정원이 아름답게 꾸며져 정신을 맑게 해준다. 다양한 조경수들은 철마다 갈아입는 옷이 패션쇼를 연출해 2000세대 주민들의 정신수양에 한몫을 한다. 날씨가 추워지면서 멈추었지만 물레방아도 물텀벙 놀이터도 어린이들의 천국인데 구경하는 어른들의 얼굴에 행복이 걸려 있다.

봄에는 언제 남쪽에서 꽃소식이 올까 기다리지만 화려한 꽃 잔치도 순식간에 지나고 지루한 장마와 찌는 듯한 더위 속에 여름은 갈수록 길어진다. 힘든 계절이지만 동식물이 살아갈 수 있게 해주는 고마운 계절이기도 하다. 오곡백과를 키워주는 성장의 계절이 있기에 수확의 계절, 가을을 맞이할 수가 있어 연중 가장 희망 있는 계절이다. 그간 길고 힘든 노력의 결실이 찾아와 모두를 즐겁게 해주니 삶의 보람을 안게 되지만 가을은 너무 짧다.

농경시대의 초겨울이 그리움으로 다가온다. 추수가 끝나도 할 일이 태산이다. 한 해의 수확이 끝나면 햇곡으로 갖가지 떡을 빚어 조상님들의 산소를 찾아 시제를 모신다. 시골에서는 대단한 행사다. 이 산 저 산 찾아다녀야 하니 떡 짐을 진 사람은 고역이지만 조상님에 대한 효라고 생각하고 즐거운 행사로 생각했으니 아름다운 풍습이었는데 옛일이 된 오늘이다.

초겨울에 가장 큰 일이 김장이다 친척끼리 이웃끼리 서로 도우며 떠들썩하던 김장김치 하던 날은 모두의 얼굴에 웃음꽃 피는 잔 칫날이다. 오늘은 형님댁 내일은 아우네 이 집 저 집 다니면서 김 장하는 재미에 힘든 줄도 모르고 겨울 준비를 하던 그때 그 시절 이 생각만 해도 김치가 아른거린다.

우리 민족의 대표적인 음식이기에 오늘날도 김장철이 있고 김치 는 연중 우리의 밥상에서 빠지지 않는 일등 반찬이 되어 우리나라 를 찾는 외국인들까지 찬사를 아끼지 않는 음식으로 승화되고 있 다. 김치가 세계화되면서 중국과 일본이 김치 대열에 끼어든다. 우 리의 김치가 더 크게 넓게 알려질 뿐이다.

늦가을부터 준비에 바빴던 김장 시장이 초겨울이 되면서 문을 활짝 열고 본격적인 겨울 준비에 한창이다. 대표적인 포기배추김치 부터 총각무김치 파김치 갓김치 씀바귀김치까지 다양한 재료에 수 많은 양념까지 우리 김치는 종류가 다양하여 모두가 좋아하는 명 품 반찬이다. 본격적인 추위가 오기 전에 준비가 끝나면 금년 겨울 도 마음 풍성한 한 해가 될 것 같다.

첫눈이 폭설

첫눈이 뒤늦은 11월 말에 내렸다. 서울을 비롯한 수도권에 많은 눈이 내려 말도 많고 탈도 많다. 처음 들어 보는 습설은 또 무슨 말인가? 보통의 눈보다 두 배 이상 무거운 눈이라고 한다.

오랜만에 방문하기로 한 남양주 수동 처제 집에 가려는데 아침 일찍부터 많은 눈이 쏟아진다. 오랜만이라 사전준비도 많이 했었는데 하늘이 길을 막고 있다. 안타깝지만 방문을 포기하기로 하고 처제에게 전화를 하면서도 가슴 한편이 허전했다.

첫눈이 이렇게 많이 내리다니 보기 드문 일이다. 아침 일찍 시작한 눈이 그칠 줄을 모른다. 눈이 내리면 미끄러워 많은 사건 사고가 생긴다. 어른들이 걱정하는 것과 달리 아이들은 새 세상을 만난 듯 즐거워한다. 언제 준비를 했는지 미끄럼틀을 타고 끌고 신이 난다. 어린아이가 눈 위에 엎드려 밀고 뒹구는 모습이 옛날 내 어린 시절을 불러온다.

수도 서울의 적설량이 11월 기록으로 117년 만에 최고였다고 하니 눈 폭탄이라고 해도 틀린 말이 아닌 것 같다. 처음 들어보는 습설의 피해가 농민들의 희망을 무참히 꺾고 있다. 비닐하우스가 폭삭 무너져 시설 재배하던 농작물이 참담한 모습으로 변한 모습은 방송을 보는 국민 모두의 가슴을 친다.

습설의 피해는 무서운 재앙으로 다가온다. 비교적 튼튼하게 지어진 축사까지 무너져 가축들의 피해가 목불인견이다. 이 추운 겨울을 어떻게 견딜까 젖소들의 모습이 송아지의 모습이 모두가 안쓰럽기만 하다. 차라리 TV를 끄고 싶다.

무너진 축사 안에 있는 20여 두의 젖소들의 모습이 우왕좌왕 참담하다. 천사 같은 하얀 눈이 무서운 폭탄으로 변해 축사까지 무너뜨렸으니 농민들의 희망이 꺾일까 걱정이다. 특별재난지역 선포가 특효약이 될 수가 있을까.

눈이 내리는 첫날 밤 정원수들이 눈꽃을 피워 걱정하는 와중에도 아름다운 모습을 참으로 오랜만에 볼 수 있는 또 다른 풍경이다. 어두운 밤중에도 눈꽃이 가로등 불빛을 받아 집안이 대낮처럼 밝아 창밖을 바라보니 낮과 다른 또 다른 아름다움이 오래도록 잊을 수 없는 추억이 될 것 같다.

눈이 내리니 옛날 생각이 난다. 반세기도 훨씬 지난 어린 시절 그때는 눈이 많이 와도 걱정할 일이 없었다. 비닐하우스도 축사도 따로 없던 시절, 눈이 많이 내려도 무너질 염려가 없으니 신경 쓸 일 없고 더더구나 자동차 같은 것은 없던 시절이니 미끄러운 길도 조심만 하면 그만이라 걱정이 없었다.

아이들은 눈이 내리면 눈사람을 만들고 눈 위에 뒹굴고 제 세상을 만난 듯 즐겁기만 했었고 젊은 청년들은 산에 토끼를 잡으러 가던 옛날이 어제인 듯하다. 눈이 많이 내리면 토끼가 도망가기 힘들어 잡을 수 있을 것이라고 몽둥이까지 준비하고 떼 지어 갔지만 한 번도 토끼를 잡지는 못했다. 해마다 큰 눈이 내리는 날이면 토끼 잡으러 가던 행사가 요즘도 눈이 내리면 생각난다.

이번 눈은 생각보다 피해가 큰 것 같다. 눈 피해가 크지 않은 우리나라는 평소에 예방에 소홀한 탓으로 습설의 피해가 큰 것 같다. 뉴스를 보면 미국이나 캐나다 같은 곳은 눈이 왔다 하면 심하면 2, 3미터까지 쏟아져 자동차까지 파묻혀 꼼짝 못 하고 길이 뚫릴 때까지 감옥 생활이라니 우리나라 눈은 그래도 행복한 눈이 아닌가 싶다.

3D 직종 인력 부족을 해결하기 위해 외국인들을 받아들이기 시작하면서 그 수효가 어느덧 250만 명을 넘었다고 하는데 그중 상하의 나라에서 온 사람들은 이번 눈을 보고 어떤 생각을 했을까, 그 또한 궁금하다. 하늘에서 천사가 내려오는 것으로 보았을까.

처음 보는 눈은 신기할 수밖에 없다. 벚꽃이 낙화하는 모습과 너무나도 흡사한 눈 내리는 장관은 신선들이 무지개를 타고 오르내리는 것만 같은 환영이 보일 것만 같다. 자주 보는 우리도 꽃송이 같은 큰 눈이 펑펑 쏟아질 때는 황홀하기까지 한데 처음 보는 상하의 나라에서 온 외국인들이야 그 기쁨이 오죽할까. 눈 내리는 동영상을 고향으로 보내는 기쁨도 클 것 같다.

 여름 홍수도 겨울 눈 폭탄도 불과 며칠이면 흔적이 사라지는데 남기고 간 상처가 너무 크고 오래간다. 이번 눈 폭탄으로 생활 기반이 무너진 농민들의 상처는 어떻게 치료를 해야 할까. 무너진 비닐하우스와 축사를 철거하는 일도 주변의 도움 없이는 할 수 없는 신축공사에 버금가는 대공사다.
 추운 겨울을 무사히 넘길 수 있게 하루 빨리 축사를 완공하여 가축들이 별 탈 없이 무사하기를 바라는 마음 간절하다. 농사짓던 하우스는 금년 농사는 폐농이 된 것 같으니 어쩔 수가 없고 새로운 계획으로 앞으로는 더 튼튼한 하우스를 지어 부농을 이루기를 바랄 뿐이다.
 그렇게 많던 눈이 흔적도 없이 사라졌다. 상처 입은 농가들의 피해는 깊고 큰데 세상은 별일 없이 돌아간다. 아직 겨울의 초입인데 언제 얼마나 많은 눈이 또다시 쏟아질지 알 수 없는 일, 더 큰 피해 없이 겨울이 무사히 지나갔으면 좋으련만 세상일이 마음대로 되는 것이 아니니 걱정일 뿐이다.

2

발길 따라 마음 따라

집을 나선다

 집을 나선다. 집 밖에 나오는 것은 세상과 소통하는 것이다. 오늘은 자연과 소통을 해보고 싶어 집을 나왔다. 지하 주차장을 나오면 바로 고등학교 정문이고 바로 옆에 중학교가 붙어 있다. 중학교를 지나면 자연이다.
 집 가까이에 논밭이 펼쳐져 있어 도시에서 보기 드물게 시골 냄새가 물씬 풍기는 곳이다. 봄이 열리면 가을까지 곡식들과 소통을 하면서 혼자 즐거워한다. 밭에는 온갖 채소들이 논에는 벼들이 경쟁을 하듯이 나를 반긴다.
 길 건너 대로변 가로수들도 나를 반기느라 주억거리는 것 같아 세상이 즐겁기만 하다. 매일 아침 산책하는 황금코스다. 내 걸음으로 2, 30분 거리에 체육공원이 있다. 넓은 축구연습장에는 주말이나 공휴일에는 푸르고 싱싱한 건각들이 땀을 흘리고 있는 모습을 보는 것은 또 다른 즐거움이다.
 족구연습장과 농구연습장에도 몸을 단련하는 팀들이 있어 지켜보는 것만으로도 건강한 젊음에 박수를 치고 싶다. 집 가까운 곳에 좋은 시설이 있어 눈과 마음이 즐겁고 오고 가는 산책코스는 건강을 지켜주는 지킴이가 되기도 한다. 공원 높은 곳 두 곳에는 육각정을 예쁘고 튼튼하게 지어 놓아 산책 도중 쉬어가는 쉼터가 되어 가끔은 말동무를 만나기도 한다.

 쉼터에 쉬는 시간, 3, 4미터 앞에 참새들이 와서 무어라 짹짹거리는 모습이 평소의 모습과는 달리 예쁘기만 하다. 나도 참새가 되어본다. 집이 어디에 있을까. 아무리 살피고 생각해도 참새 집을 찾을 수가 없다.

 옛날에는 초가집이나 기와집 처마 끝에 구멍이 있어 참새들이 둥지를 만들어 번식을 했었는데 단독 주택들이 사라지면서 참새가 어디에서 번식을 하여 종족을 유지하고 있는지 참새들에게 물어보고 싶지만 진짜로 소통이 안 되니 참새가 되어서라도 알아보고 싶어지나 보다.

 그렇게 많던 참새가 귀한 새가 되어 가고 있다. 참새가 많던 어느 해 겨울 노점상에서 참새구이가 술안주로 성시를 이루던 때도 있었다. 수요는 폭발하는데 참새를 구할 수가 없어 금방 부화한 병아리를 참새라고 구워 팔던 때도 있었는데 오래가지 못하고 사실이 탄로 나 참새구이가 시중에서 사라지고 참새들의 명맥이 이어져 오고 있는데 번식처를 몰라 진짜 소통이 어렵다.

 체육공원 옆에도 논과 밭이 있다. 모내기를 할 때만 해도 생명력이 가뭄가뭄했었는데 푸르고 싱싱한 생명력이 올해도 풍년을 예고 하는 것 같아 벌써부터 황금들판을 상상하게 된다. 수확기가 가까울 때 태풍이 오면 벼들이 쓰러져 수확량이 반감되어 농부들의 마음을 아프게 했기에 금년에는 자연재해가 없기를 마음으로 빌어본다.

벼가 한창 자라는 논 옆 밭에는 고추가 손가락 크기만큼 쑥쑥 자라고 있다. 꽃도 많이 피어 있고 머지않아 새빨간 고추들이 매달려 있으면 수확에 일손이 바빠져 힘이 들겠지만 얼굴은 고추 색만큼이나 밝아지리라. 고추 수확 철에는 달고 화끈하게 고추와 소통하며 고생한 보람을 느끼게 될 것 같다.

한창 자라는 벼들이 사랑스럽다. 이야기라도 나누고 싶다. 나 혼자 하고 싶은 얘기를 소곤소곤하면 기분이 좋아진다. 주인이 농사 전문가인 듯 벼들의 생육이 아주 좋다. 거름도 시비도 아주 적당하여 건강하게 잘 자라고 있다. 식물도 욕심이 지나쳐 과하게 비료를 주면 병이 생겨 농사를 망치게 되는데 물 관리까지 잘 하는 전문가인 것 같다.

벼농사는 밭농사와 달리 기계화가 되어 생산량이 증가하고 농부들의 일손까지 덜어 주지만 식습관이 서구화되면서 쌀 소비량이 해마다 줄어 주업이던 벼농사가 부업이 되어 가는 안타까운 현실이 오늘의 농촌 풍경이다. 시골에서 성장하면서 목숨처럼 아끼던 벼와의 인연은 쉽게 저버릴 수 없어 벼를 대하는 애착은 남다르다. 내가 벼가 되어 보는 소통의 시간이다.

밭작물들이 요즘 농촌의 주업이 되어가고 있다. 기계화가 어려워

농사의 어려움은 있지만 갖가지 작물들의 수입이 농촌 가계를 지탱하는 본업의 자리를 지키는 시대가 되었다. 뜨거운 햇볕 아래 여름 한철 들판을 지키면서 작물과 함께 익어가지만, 이런 수고를 마다하지 않는 농부들이 있어 국민들이 행복하다.

고추가 빨갛게 익어갈 때쯤이면 고추잠자리가 그렇게도 예뻤는데 고추는 잘도 자라는데 잠자리는 어디를 갔나. 우리 국민들이 가장 좋아하는 양념이 고추가 아닌가 싶다. 고추장이 없으면 식사를 할 수가 없고 각종 찌개를 만들 때도 고추가 매운맛으로 진미를 만들어 낸다. 고추장에 찍어 먹는 오이 맛 고추부터 화끈하게 매운 청양고추까지 국민양념 고추를 사랑한다. 정말 사랑한다.

매운맛을 좋아하는 국민 식성이 성격까지 화끈하게 만든 것 같다. 모든 음식이 매운맛 순한 맛으로 구분해 놓고 있지만 매운맛이 단연 압도적이다. 라면이나 치킨이 대표적이다. 일단 매운 음식은 맛이 약간 부족해도 매운맛으로 커버가 되니 사람들이 좋아하는 수많은 맛 중에 매운맛이 단연 으뜸인 것 같아 고추를 사랑하고 고추를 좋아한다.

밭작물은 헤아릴 수 없을 만큼 많다. 전국 모든 곳에서 골고루 재배하는 품종이 대부분이지만 기후와 토양에 따라 그 지역에서만 재배되는 특산품도 없지 않다. 생강과 울금이 재배되는 곳이 따로 있고 마늘은 경북 의성이 유명하다. 육쪽마늘로 유명한 의성 마을은 양념의 한계를 넘어 흑마늘을 개발, 약품으로 인기가 높기도 하다.

모든 동식물과의 소통이 자연과의 소통이다. 연작을 거부하던 작물들도 지극한 소통 노력으로 해결이 되었고 해걸이를 하던 과일들도 해결 방법은 역시 소통이었던 것 같다. 모든 농작물은 농부의 발소리를 듣고 성장한다고 한 옛말이 명언인 것 같다. 동물들도 스트레스를 받으면 주인과의 소통만이 해결 방법인 것을 보면 소통의 중요함을 알 만하다.

아침 산책길이 즐겁기만 하다. 동식물과 소통해 보려는 마음가짐만으로도 몸이 가벼워진다. 싱싱한 농작물들의 싱그러운 냄새가 가슴을 시원하게 해준다. 노란 오이꽃이 웃으며 반긴다. 한 뼘씩이나 자란 오이가 먹음직스럽다. 가로수로 심어 놓은 단감이 제법 열매가 커 가고 자두는 아기 주먹만큼이나 자라 수확이 가까워졌다. 내일도 다음날도 오늘처럼 자연과의 소통을 바랄 뿐이다.

마트 다녀오기

 마트 다녀오는 것이 소일거리다. 단지 앞에 있는 중소형 마트가 우리 아파트 주민들의 식자재 창고다. 대형 마트가 근처에 있다면 참으로 편리할 텐데 부러워할 뿐이다. 우리 아파트 식자재 창고에도 규모는 작지만 있을 것은 다 있다.

 집에서 5분여 거리, 가까우니 필요한 것이 있으면 수시로 다녀온다. 하루에도 많으면 2, 3회 다녀올 때도 있다. 생필품은 필요한 것이 있으면 메모해 두었다가 한꺼번에 대형 마트에서 구입해야 하니 조금은 불편하기도 하다.

 그렇지만 나는 우리 식자재 창고를 사랑하고 애용한다. 값은 약간 비쌀 수도 있지만 물건은 좋은 것으로 구비하고 있어서 믿을 수가 있다. 생선과 육류는 한 사람이 취급하고 있어서 무척 힘이 들 것 같은데 별도 주문을 하면 친절하게 잘도 해준다. 삼겹살에 칼집을 넣어 달라고 했을 때 웃으면서 금방 해주면 덤을 받은 기분이어서 더 맛나게 먹을 수가 있다.

고추장과 된장을 살 때는 옛날 어머니가 시골에서 장 담그던 장면을 연상하게 된다. 힘들게 정성을 들이던 장면이 생각나면 그때의 고향집과 이웃들까지 한꺼번에 나타나 고향 마당을 거닐게 된다. 그때 그 맛을 찾을 수는 없지만 먹는 음식이니 정성을 들였을 것으로 믿고 사 온다.

나도 딸들도 멸치조림을 좋아한다. 하여 밑반찬으로 멸치조림은 항상 떨어지지 않는다. 비린 맛이 없는 가장 작은 멸치인 지리멸치를 사용, 멸치를 볶는다. 마트에서 멸치를 고를 때 깨끗하고 신선한가를 살핀다. 멸치 잡는 장면을 방송으로 보았다. 그물로 잡는 멸치 선단의 멸치 잡는 모습과 잡은 멸치를 즉석에서 삶는 모습까지 멸치를 먹을 때마다 잊을 수 없게 했다.

멸치조림은 먼저 청양고추를 2, 3등분으로 자른 후 가운데를 잘라 2등분 하여 깊은 팬에 담아 살짝 볶은 후 양념간장을 만든다. 볶음용 맛간장에 다진 마늘과 고춧가루 올리고당을 잘 섞은 후 멸치를 팬에 볶아 놓은 고추 위에 쏟아 넣은 후 양념장을 멸치와 골고루 섞으면서 볶는다.

그물에 걸려 잡혀 온 멸치들은 즉석에서 삶아졌지만 내가 볶을 때 뜨겁다고 팔팔 뛰는 것만 같아 안쓰럽기도 했는데 그렇게 만들어진 멸치조림은 우리 집 냉장고에서 밑반찬용으로 자리를 굳건히 지키고 있다.

고급 멸치로 통하는 죽방멸치는 큰 멸치여서 찾아보지도 않았지만 먹어보지도 못했다. 옛날 방식으로 잡는 죽방멸치는 멸치를 상하지 않게 잡아 깨끗하여 주로 호텔에 공급한다고 하는데 맛이야 요리 방법에 달렸지 않을까 싶다.

과일 종류도 담당자가 있어 열심히 정리하여 깨끗하고 맛깔스러워 보인다. 값은 비교적 비싼 편이지만 맛이 상품이어서 자주 찾게 된다. 좋아하는 사과는 청송사과다. 주야 온도차가 심한 청송은 사과 재배에 적지서 과육이 단단하고 당도가 뛰어나 새콤달콤한 그 맛이 나의 입맛을 사로잡아 자주 찾는 편이다.

방울토마토의 당도에 깜짝 놀랐다. 값은 비쌌지만 상상을 초월한 당도다. 연구원들에게 박수를 보내고 싶다. 과거 씨 없는 수박을 개발한 세계적 육종학자 우장춘 박사에게 세계가 찬사를 아끼지 않았었는데 지금은 많은 육종학자의 노력으로 모든 과일에 설탕이 필요 없는 시대가 되었다.

먹기 전에 눈으로 입맛을 다시게 하는 딸기도 옛날에는 설탕을 곁들여야 먹을 수 있었는데 지금은 설탕이 필요 없는 시대가 되었고 대표적인 과채인 수박과 참외가 당도가 높아 모든 사람이 마음 놓고 즐길 수 있는 참으로 좋은 세상이 되었다. 식자재 창고에서 연중 골라갈 수 있어 이만하면 만족한다.

마트를 오고 가는 길은 초등학교 가는 길과 겹친다. 등하교 시간에 마트에 가다보면 학생들과 마주친다. 즐거운 시간이다. 특히 저학년 병아리들과 만나면 사랑스럽기 그지없다. 손잡고 오는 병아리, 장난치면서 좋아하는 병아리 모두가 갓 깨어난 노란 병아리들처럼 귀엽기만 하다.

나도 저런 시절이 있었던가 생각해본다. 참으로 많은 세월이 흘러 너무도 많이 변했다. 천지개벽이 된 지금 세상에 태어난 아이들은 복 받은 세대인 것만 같지만 어려서부터 치열한 경쟁 속에 살아가는 요즘 아이들이 안타까울 때도 있다. 말을 배우기가 바쁘게 유아원 어린이집에서부터 경쟁을 해야 하니 마음 놓고 뛰어놀 시간도 장소도 없는 것이 오늘의 어린이들이다.

어린 병아리들과 섞여 마트를 드나들다 보면 공연히 즐거워진다. 마트 다니는 길이 이래저래 즐겁다. 근거리에 재래시장이 있으면 좋겠다는 욕심이 슬그머니 고개를 든다. 세월의 나이테가 주름 속에 쌓여 있는 할머니들이 좌판에 몇 가지의 농산물을 펼쳐 놓고 웃으면서 손님들과 흥정하는 모습은 어쩌면 행복인지도 모르겠다. 덤도 주고 값도 깎아주는 좌판 흥정이 옛날 행복이었다.

에누리도 덤도 없는 마트 거래가 익숙해진 세상, 시간 절약도 신경 쓸 일도 없어졌지만 어쩌면 세상이 야박해졌다는 생각이 들 때도 있다. 화폐가 뒤로 밀리고 카드가 판을 치는 세상이 되었다. 카드 한 장이면 아무리 많은 화폐도 담을 수가 있으니 젊은 사람들은 지폐를 소지할 필요가 없게 되었고 지폐는 노인들이나 필요로 하는 늙은 화폐가 된 세상이다.

나도 마트 계산은 카드를 사용한다. 필요한 물건을 골라 계산대에 올려놓고 보니 카드를 집에 두고 왔다. 난감하다. 하루에도 2, 3회 올 만큼 단골이어서 얼굴도 계산원과 잘 알고 있지만 어쩔 수 없이 집에 가서 카드를 가져와 계산을 해야 했다. 재래시장이라면

외상도 주는데 다음 날 계산하겠다면 웃으면서 그렇게 하라고 할 텐데 카드가 편리하기도 하지만 불편함도 따른다.
 중년의 계산원이 계산을 하면서 자기 잘못인 양 미안하다면서 가끔씩 이런 일이 있을 때는 난감하다며 웃으면서 친절을 베푸니 불편했던 마음이 사라지고 고맙기까지 했다. 웃음 한 아름 안고 돌아오는 발걸음이 가볍다.

여행의 즐거움

　여행은 떠나는 것이다. 만나는 것이 아닌 떠나는 여행을 모두가 좋아하는 이유가 무엇일까. 항상 같은 생활을 하는 사람들은 가끔은 현실에서 벗어나 움직이는 것을 좋아한다. 그래서 여행은 일상생활이고 움직임이 곧 여행이다. 백 년이 넘는 긴긴 여행을 하는 사람이 있는가 하면 반짝 끝나는 짧은 여행도 있다. 화려한 여행도 지루한 여행도 있다.
　혼자 여행을 즐기는 사람이 넓은 세상을 주유하기도 하고 단체 여행을 하는 사람들은 일상생활에서의 스트레스를 해소하는 방편으로 여행을 선택하는 것 같기도 하지만 모두가 현실에서 벗어나 자유로움을 마음껏 즐기려는 것 같다.
　가까운 사람들과의 여행 약속이 있었다. 단조로운 현실에서 훌훌 털고 맑은 공기를 마시면서 3박 4일을 즐기자고 굳게 약속을 했었는데 지킬 수 없게 되어 허전함이 괴로움이 되기도 했다.
　처제 내외와 막내 처남과 네 명이 즐거운 시간을 보내는 여행은 여느 여행과는 비교할 수 없는 외출이다. 지지난 여름 함께 다녀온 동해안 여행을 잊을 수가 없어 올해도 비슷한 코스로 여행하려 했는데 나이도 가장 밑인 막내 처남이 몸에 이상이 생겨 여행을 취소하게 되었으니 섭섭한 심정 비길 데가 없다.

동해안 여행은 끝이 보이지 않는 바다가 있어 마음속 묵은 찌꺼기를 털어 낼 수 있는 시원한 곳이다. 소금기를 머금었지만 바닷바람은 정말 시원하다. 시야가 탁 트여 눈도 시원하다. 올해 여행은 주문진에서 일박을 하면서 생선회를 즐길 예정이었는데 마음만 가고 몸은 집에서 뒹굴고 있다.

강구항 대게 요리를 잊을 수가 없다. 5, 6월에는 동해안 게를 잡을 수가 없어 소련산 킹크랩을 팔고 있다고 했지만 그 맛은 모두가 만족스러워했다. 올해도 그 맛을 즐기려 했는데 입맛만 다시게 되었다. 대게도 홍게도 제철이면 풍성한 그 맛에 여행이 한결 즐거울 텐데 철 지난 대게를 소련산으로라도 먹으려 했는데 그마저 펑크가 났으니 세상사 정말 마음대로가 어렵구나.

네 사람이 모이면 시간 가는 줄을 모른다. 고스톱 치는 재미가 세상을 잡아두고 있다. 한 시간 놀고 한 시간 쉬는 규칙이 건강을 해치지 않을 것 같아 정해 놓았지만 재미가 있으면 시간이 너무 빨리 간다. 경로당에서 할머니들이 10원짜리 화투를 치면서 세월을 낚는 재미를 알 만하다. 승부와 관계없이 맛있는 음식을 살 때 기분이 좋고 자주 모임을 갖고 싶지만 그도 뜻대로 잘 안 될 때도 있다.

요즈음은 맛집 선전이 유행이다. 유명세를 타면 손님이 줄을 선다. 하지만 유명세와는 달리 실망스러운 맛집도 있다. 일산에 맛집이 생겼다면서 초대하기에 겸사 겸해서 처남 집을 방문하여 어렵게 맛집을 찾아갔는데 실망스러운 걸음이었다. 상술은 한 번 찾은 손님이 또 다른 손님을 데려와야 성공할 수 있을 터인데 반대의 현상이니 그 집의 앞날이 걱정될 뿐이었다.

맛집 선전을 하지 않는 보리굴비 집을 점심시간을 이용해서 다섯 명이 어렵게 찾아갔는데 값도 다른 집보다 저렴하고 맛은 값이 비싼 고급 집과 비교해도 손색이 없어 맛나게 잘 먹을 수가 있었다. 코로나가 유행 중인 시기여서인지 손님이 없어 손님인 우리가 미안할 정도였다. 하루 빨리 코로나가 퇴치되어 맛집마다 손님들이 줄을 서는 날이 왔으면 좋겠다는 생각을 했다.

자식들 출가시키고 내외만 살고 있는 집은 깨끗하여 금방 입주한 새집 같아 쉬어가기 편안했고, 음식까지 지나치게 신경을 쓰고 있어 고맙기는 했지만 빚을 진 기분이 들어 처신이 오히려 힘들기도 했다. 숲속마을이란 이름에 걸맞게 조용하고 공기도 맑아 몸이 불편한 처남이 요양을 온 느낌이어서 이사는 잘 온 것 같지만 조금은 외진 곳이어서 자주 들르기가 쉽지 않아 아쉬웠다.

막내 처남은 나이 차이가 있어 살아오면서 정을 많이 준 사이다. 그의 여행 이력은 다사다난하다. 초등과 중학교는 고향에서 마치고 고등학교는 서울에서 다녔지만 가정 형편상 취업의 길로 들어섰다. 젊은 시절 평탄치 못한 때도 있었으나 은퇴 전 마지막 직장이 좋은 곳이어서 자식 남매 대학교육까지 잘 마쳤고, 좋은 직장에 취업해 결혼까지 잘 시켰으니 성공 여행이다.

하지만 70대 중반을 넘어서는 현재의 여행길이 완만했으면 얼마나 좋을까. 불치의 병마가 괴롭히고 있어 지켜보는 근친들이 하나같이 안타까움을 금치 못하고 애처로워하고 있다. 착하고 정직한 천성 때문에 마지막 직장에서도 신뢰하고 회사 살림을 통째로 맡겼었는데 이런 사람의 여행길은 장수하면서 즐거운 탄탄대로가 되었으면 좋으련만….

동해안 여행길은 꼭 다시 다녀오고 싶다. 생고등어를 넣어 얼큰하게 끓인 매운탕을 마주 앉아 농담이라도 나누면서 즐기고 싶다. 건강할 때도 소식을 하는 사람이어서 입에 맞는 음식도 많이 먹지도 않았지만 지금은 입맛을 잃어 먹고 싶은 음식이 없다고 하니 언제쯤 입맛을 찾아 잘 먹고 건강을 회복할 수가 있을까. 가을쯤에는 건강을 회복하여 동해안 여행을 가자고 했다.

처남이 앓고 있는 병은 발병 원인을 아직은 알지 못하고 치료 방법도 개발되지 않은 어려운 병이지만 통증도 없고 기침이 심할 뿐 환자를 몹시 괴롭히는 병이 아니어서 그나마 다행이고 관리만 잘하면 치유는 되지 않더라도 현상 유지가 오래갈 수도 있는 병이어서 가을쯤에는 동해안 여행의 꿈을 버리지 않고 그날을 고대하고 있다.

반세기 전을 더듬어본다. 처남이 결혼할 무렵 사정이 어려웠지만 무시히 치른 것을 생각하면 요즘 결혼 적령기 사람들과 비교를 하게 된다. 살기가 좋아졌다고 하지만 결혼을 하려면 가장 큰 문제가 주거 문제다. 너무 큰돈이 있어야 하기 때문에 혼인을 미루다 결국에는 독신 남녀가 사회문제가 되고 있다.

 반세기 전 그때는 주거 문제는 크게 신경 쓸 문제가 되지 못했다. 결혼해도 부모와 한집에 사는 사람이 많으니 주거 수요가 특별히 많지가 않아 방 두 칸을 전세를 얻어도 지금처럼 전 재산이 될 정도가 아니어서 쉬웠던 것 같다.

 인생 여행 중 가장 아름다웠던 여행이 결혼이었다. 나도, 주변을 둘러봐도 결혼보다 아름다운 여행은 없다. 결혼 당시를 생각하면 지금도 가슴이 울렁거릴 정도로 행복했던 시기였다. 연탄난로를 피워 놓은 여관방이 신혼초야를 보낸 인생 여행의 시작이었지만 참으로 행복했던 그때를 생각하면 행불행의 결정은 스스로의 마음가짐인 것 같아 긍정적으로 살고 싶다. 인생 여행이 바로 행복!

동해를 못 잊어

파도가 물거품을 안고 모래사장을 밀고 올라왔다 내려가기를 반복한다. 하얀 물거품이 물방울을 뿌리면서 놀자고 한다. 끝도 없이 펼쳐져 있는 푸른 바다가 여름 더위쯤은 안중에도 없는 듯 파도소리만이 정겹다.

오래전 반려자와 여름 휴가차 속초를 찾았다. 호텔에 여장을 풀기 바쁘게 바다가 그리웠나 보다. 백사장에 나란히 앉아 바다에 정신을 빼앗긴다. 끝없이 넓은 바다, 파도가 밀려오면 하얀 물거품이 철썩철썩 모래를 밀면서 춤을 춘다.

서해와 남해와는 달리 동해는 끝없는 바다 저 멀리 수평선이 하늘과 맞닿아 가슴이 탁 트이는 참다운 바다 맛을 느끼는 곳이다. 동해는 깊고 경사가 심해 해수욕장다운 곳을 찾기가 쉽지 않다. 그렇지만 물은 한없이 맑고 깨끗하다. 소금기만 없다면 실컷 퍼마시고 싶은 깨끗한 물. 그래서 몸을 담그기만 해도 청량감에 더위가 저 멀리 달아난다.

파란 하늘과 푸른 바다가 청춘 남녀들을 동해로 불러들이고 있다. 반세기 전 그때도 동해안은 온통 젊은 건각들이 여름 한철 싱그러운 풋내를 풍기면서 마음껏 건강미를 뽐내고 있었다. 참으로 아름다운 풍경이다. 지금과는 달리 교통편이 많이 불편했지만 동해안으로 떠나는 피서객들은 즐겁기만 했다.

바다가 좋아 바람이 좋아 모래사장에 앉아 시간 가는 줄을 모른다. 수영복 차림이지만 잠깐 몸만 적시고 파도를 보는 것만으로 행복했다. 수평선 너머로 넘어가는 노을을 보는 것은 특별한 아름다움이었다. 동해가 아니면 수평선 너머 해가 풍덩 빠지는 모습을 어디에서 볼 수가 있을까.

저 푸른 물속에 살고 있을 생물들을 생각해본다. 그때만 해도 동해는 냉수대여서 명태와 오징어가 지천으로 잡히던 시절이라 저렴하게 실컷 먹을 수가 있었는데 냉수대가 북쪽으로 밀리면서 금값이 되어 산 오징어 한 마리에 만원 시대가 되었으니 저 푸른 바다는 눈으로 보기에는 그대로인데 바다 세계도 변해가니 웃어야 할까, 울어야 할까.

속초에 왔으니 생선회를 지나칠 수가 없어 대포항으로 갔다. 어선들이 들고 나고 제법 활기를 띠는 식당가도 사람들로 붐볐다. 한 곳에 자리를 잡고 회도 시키고 매운탕도 시켰다. 매운탕에는 펄펄 뛰는 고등어 한 마리를 추가했더니 세상에 없던 별미였다. 반세기 가까운 옛날 일인데도 어제 일인 듯하다.

싱싱한 고등어 매운탕이 반려자와 함께 먹은 특식 중의 특식이었나, 각인된 그 맛을 잊을 수가 없다. 식탐이 없던 그였지만 생선 종류는 그런대로 좋아하는 편이어서 매운탕을 잘 먹었던 것 같아 나도 맛나게 먹을 수가 있었던 것이 아니었나 싶다. 많은 세월이 흘렀지만 그날 그 맛을 잊을 수가 없다.

대포항은 잊을 수 없는 곳이어서 동해안이 생각나면 제일 먼저 머리에 떠오르지만 이후 한 번도 찾지 못했으니 불가사의한 일이다. 그러나 꼭 한 번 찾아보리라. 살아 있는 고등어 구경도 하고 그때 그 요리보다 더 맛좋은 요리가 있다면 함께 하지 못하는 반려자에게 미안하다는 뜻을 어떻게 전할까.

동해안 하면 강릉 경포대를 빼놓을 수 없겠지. 넓고 큰 해수욕장이 국내 유수의 해수욕장들과 어깨를 겨룰 만하니 여름철이면 젊음이 넘친다. 경사가 심한 동해안에서 이만한 해수욕장이 있다는 것은 신의 축복이 아닐 수 없다. 소규모 해수욕장은 몇 군데 있지만 경포대 해수욕장은 동해안 최대의 자랑거리다.

동해안을 찾는 사람들은 끝없는 바다가 보고 싶어서였을 것이다. 동해 바다는 아무리 보아도 싫증이 나지 않는 푸르고 깨끗한 무한대의 물빛이 사람들의 마음을 끌어안는 것 같다. 오밀조밀 앞에 섬들이 가로막는 서남해의 바다와는 달리 동해의 바다는 끝이 없다. 수평선 너머에서 고기잡이배들이 돛대 꼭대기만 보이다가 차츰차츰 배 전체가 보이는 곳은 동해안뿐이다.

채낚기 오징어 어선들의 불빛들이 화려하게 밝혀지면 멀리 바다가 화려하게 성황을 이루었었는데 따뜻한 물이 밀고 올라와 오징어가 소련 영해로 올라가버려 이제 동해에서 오징어 어선 불빛을 보기 어려워져 안타깝기만 하다.

명태어장이 풍어를 구가하던 지난날이 그립다. 명태는 국민 생선인데 금태가 되어 참으로 아쉽다. 명태는 이름도 다양하다. 생태는 매운탕으로도 사랑받는 식재료로 각광받고 맵지 않은 지리탕을 즐겨 먹는 애호가들도 있다. 말린 북어는 다양한 식재료로 애주가들의 술안주로 탕으로 찜으로 용도가 다양하다.

얼린 동태는 북어와 함께 장기 보관이 가능해 여러 가지 용도로 식성에 따라 맛있는 반찬 재료가 된다. 탕도 찜도 구이도 가능해 솜씨에 따라 맛있는 반찬으로 변신이 가능하다. 반건 노가리도 인기 상승이다. 불에 살짝 구우면 소주 안주에 적격이었는데 최근에는 맛있는 반찬으로 변신을 했다.

점심시간에 동네 식당을 찾았다. 메뉴판을 보니 첫 번째 메뉴가 노가리찜 정식이었다. 특별히 생각한 메뉴는 아니지만 주방장의 솜씨를 기대하면서 찜을 시켰다. 요즘 유행하는 일인용 밥솥에 금방 김이 솟는다. 밥솥도 변신을 거듭해 5분이면 밥이 완성되는 시대가 되었다. 참으로 편리한 세상이다.

밥이 완성되는 5분, 노가리찜 정식 한상이 차려졌다. 반건 노가리찜 정식은 처음 대하지만 구미가 당긴다. 일인용 밥솥에 밥도 관심을 끌기에 충분했다. 명태의 기본이 특별히 맛있는 생선이 아니기에 큰 기대는 하지 않았지만 주방장의 양념 솜씨가 놀라웠다. 얼큰하면서도 달콤한 양념 맛이 혀끝에 착 달라붙는다. 양념에 여러 가지 조미료가 잘 버무려진 듯하다. 오묘한 맛으로 노가리를 상석에 앉힌 솜씨를 칭찬해 주고 싶었다.

동해를 대변하던 명태의 다양한 변신이 이제 동해가 아닌 소련 영해 오호츠크해에서 잡은 명태를 우리 땅에서 건조하는 현실을 보면서 강원도 명태 덕장에서도 우리 영해에서 잡은 명태를 건조하지 못하는 현실을 안타까워했다.

명태와 오징어가 북쪽으로 밀려나고 대신 따뜻한 물을 따라온 고등어와 청어가 많이 잡힌다고 하는데 수지계산이 맞지 않아 어민들이 실망하는 모습이 방영될 때마다 국민들의 실망도 크지만 자연 현상을 어떻게 하겠는가. 동해는 예나 지금이나 맑고 푸르건만 냉수대의 어종이 북쪽으로 밀려나 아까운 외화로 사 먹는 현실이 참담하다.

동해의 맑고 깨끗한 물속에는 여러 가지 어종이 살고 있다. 홍게와 대게가 영덕 강구항에서 특별한 식당가를 형성하고 있다. 금어기에는 미식가들을 위해 멀리 소련에서 수입한 킹크랩으로 대신하지만 게 요리가 생각날 때 이곳을 찾으면 연중 게 요리를 즐길 수가 있어 동해의 명소가 되어 있다.

동해에서만 잡히는 양미리도 제철에는 동해 항구를 들썩이게 한다. 반찬으로는 대접받지 못하지만 엮어 놓은 반건 양미리는 불에 살짝 구우면 술안주로두 일품이고 남녀노소+ 모두가 좋아하는 간식거리로는 대접을 받는 어종이다.

　동해의 최고 명물은 밍크고래다. 밍크고래는 세계적 희귀 어종으로 국제적으로 보호받고 있는 포획금지 어종이다. 밍크고래는 쇠고기 맛과 비슷하여 기호식품으로 좋아하는 사람이 많아 옛날에는 전국적으로 유통되던 식품이었으나 금지 어종이 되면서는 가끔씩 자연사하여 바닷가로 밀려오거나 폐그물에 걸려 죽은 사체가 발견되면 식용으로 사용이 허가되는 귀한 식품이기도 하다.

　밍크고래는 톤 단위의 거대한 몸체인 만큼 그 맛도 부위별로 2, 30여 가지의 각각 다른 맛이 있어 고래 고기를 좋아하는 식도락가들이 지금도 전문 식당을 찾는 것으로 알고 있다. 전문 식당이 동해안 몇 곳에서 성업 중이라고 하니 밀렵을 하고 있는 것은 아닌지 의문스럽기도 하다.

　맑고 깨끗한 동해가 잘 보존되기를 간절히 바란다. 어족 자원도 잘 보존되어 우리의 밥상이 풍성하기를 바라면서 밍크고래도 잘 지켜서 관광자원으로 활용하는 그날을 기다려본다.

풍물시장

　춘천의 명소 풍물시장이 현재의 장소로 이전해 온 지도 몇 해가 지났다. 약사천을 따라 무질서하게 널려 있던 시장이 경춘 전철 개통과 동시에 고가 전철 노선 밑에 깨끗하게 정리 정돈되어 개장되었다.

　온의동 네거리에서 롯데마트까지 제법 큰 5일장이다. 풍물시장은 상품의 다양함과 판매 형태의 다양함이 어우러져 그 이름값을 하는 것 같다. 이곳 시장은 점포보다 노점이 두 배 이상 많다.

　춘천은 도시이기는 하나 농촌 형태를 벗어나지 못한 탓인지 대부분의 상품이 농산물이다. 물론 그 종류는 헤아릴 수 없을 만큼 많고 모르는 상품도 많다. 노점이 정말 볼만하다. 반 평도 채 못 된 그야말로 손바닥만 한 점포가 있는가 하면 기껏해야 한 평이나 될까 싶은 그런 점포가 숫자로는 시장 전체의 3분의 2는 되는 것 같다.

　비닥에 보지기를 퍼 놓고 상품이라야 몇 가지 농산물을 조금씩 펼쳐 놓고 지나가는 사람들에게 가끔씩 팔아달라고 한마디씩 던진다.

　노점을 지키고 있는 분들은 대부분 할머니들이다. 살아온 세월이 얼굴에 주름으로 나이테를 그리고 있다. 어렵고 힘든 그 많은 세월을 잘도 이겨내고 오늘 이 자리까지 왔으리라. 높고 험한 태산준령도 넘고 넓고 깊은 강도 건너야 하는 힘든 세월을 굽이굽이 넘고 건너 장하게도 오늘을 지키고 있다. 할머니들의 손등에는 거뭇한 흔적이 부적처럼 선명하다.

　2일과 7일은 풍물시장 장날이다. 이날은 수도권에서 구경 오는 사람들로 북적인다. 경춘 전철의 인기가 날로 치솟는다. 이 나라 유일의 2층 전철은 특히 인기가 있을 만하다. 남춘천역에 내리면 도보로 5분이면 풍물시장에 도착할 수가 있다.

　서울의 경동시장이나 성남의 모란시장과는 규모 면에서 비교가 안 되지만 이곳 풍물시장은 나름대로의 장점도 소문이 나서 찾아오는 관광객의 수효가 시간이 지날수록 늘어나고 있다.

　옥수수로 만든 올챙이국수도 이곳에서 처음으로 맛을 보았고 넓게 자리 잡은 노상 과자 가게는 지나가는 사람들에게 인기 만점이다. 맛보고 먹는 것은 얼마든지 허락하고 몇천 원어치만 사도 고마워하는 정말 재미있는 가게다.

　오늘은 이상한 물건이 진열되어 있는 것을 보았다. 부처손이라고 하던가. 옛날 시골에 살고 있을 때 산에 가면 큰 바위 가에는 지천으로 자라던 아무 쓸모없는 것이었다.

뜻밖에도 근래에 모 종합 TV프로 천기누설에서 항암제로 효험이 뛰어나다고 방송이 나간 후 시장 바닥에 상품으로 등장한 것 같다. 세상에는 정말 쓸모없는 물건은 없나 보다. 보기만 해도 징그럽고 무서운 독까지 지닌 뱀도 정력제라며 마구 잡아먹고 산속 개구리까지 씨를 말리는 세상이니 모든 동식물이 약이 아니면 식품이 되어 시장 바닥에 상품으로 등장하고 있다.

이곳 풍물시장에는 농산물이라기에는 이상한 상품들도 곧잘 눈에 띈다. 내가 어린 시절 시골에서는 동물 먹이로나 사용하던 돼지감자가 요즈음은 고영양 식품이라며 버젓이 상품 자리를 차지하고 있다.

이와 비슷한 상품을 찾아보기란 그리 어렵지 않다. 생강나무를 비롯한 여러 가지 나무들을 잘라 묶어 놓고 팔고 있는 할아버지도 있다. 구멍이 숭숭 뚫린 뼈마디의 등허리로 세상을 업고 간다. 좌판 앞에 앉은 노인들 그 누구의 얼굴에도 어두운 그림자는 찾아볼 수 없다. 다행이다.

옛날에는 생계를 위해 이보다 더한 일도 했지만 지금은 아닌 것 같다. 옆 사람과 음식도 나누고 웃고 즐기는 것을 보면 삶의 고비를 넘어오느라 받은 상처와 아픔들을 치유 받는 것 같다.

그래서 이곳은 항상 활기차다. 부지런히 오고 가는 바쁜 사람들이 있는가 하면 할머니들이 펼쳐 놓은 보자기 위의 보잘것없는 농산물을 천천히 하나하나 알뜰히 챙겨보는 사람들도 있다.

보자기 펴 놓고 얼마 안 되는 농산물로 손님을 기다리는 할머니들, 자녀들은 과연 이 내용을 알고나 있을는지. 할머니들은 물건 팔기 위해 나오는 것이 아니고 외로움을 달래기 위해 나오는 것 같다.

말 상대도 마땅치 않은 집보다는 옆 사람과 간단한 먹거리도 주고받으면서 웃으면서 대화를 나누는 시장 바닥이 기다려지리라. 어떤 효자인들 부모의 속마음을 알뜰히 챙길 수가 있을까. 그들에게는 시장 바닥 이웃이 더할 수 없는 효자 효녀일 것이다.

시장 안 깨끗이 정돈된 점포는 상당수가 일반음식점이다. 노점에도 크고 작은 몇 개의 음식 파는 곳이 있다. 풍물시장이어서인지 깨끗한 식당보다 노점에 손님이 많다. 노점 식당에는 항상 손님이 북적인다. 관광차 온 사람들도 노점에 자리를 잡는 것을 보면 풍물시장 경험을 해보고 싶은 모양이다.

오늘 풍물시장 구경 온 관광객들 덤도 두둑이 받아갔으면 좋겠다. 호반의 도시 춘천의 맑고 청정한 공기를 마음껏 마시고 갔으면 좋겠다.

하루하루를 전쟁터 같은 아귀다툼 속에서 살아가는 수도권 주민들, 풍물시장 구경하는 하루만이라도 모든 잡념 잊어버리고 맑은 물 청정한 공기 마음껏 실컷 마시고 가슴속 찌든 때까지 깨끗이 씻어내고 기분 좋은 귀갓길이 되었으면 좋겠다. 다시 찾을 날을 마음속으로 새기면서….

백운대가 날 보자는데

　등산 인구가 절정이던 1980년대가 아름다운 과거로 그 시절이 그리워진다. 비만으로 걱정하는 사람이 별로 없어 등산은 재미로 다니는 그야말로 순수한 레저 활동으로 주말이나 공휴일에는 이름 있는 산이나 근교 산에는 인산인해라 할 만큼 사람들이 붐볐던 그 때가 잊을 수 없는 좋은 시절이었다.
　지금은 누구나 즐기고 있는 골프가 당시에는 특수층의 전유물이었던 것이 등산 인구의 상당수를 흡수할 만큼 대중화하여 골프 붐을 일으키고 있으니 격세지감을 반기는 세상이 되고 있다. 국민 소득과 국가 위상이 높아지면서 레저의 양과 질도 세계화되면서 골프뿐 아니라 고급 레저시설에서 체력을 단련하는 시대가 되었다.
　시대가 바뀌어도 잊을 수 없는 지난날은 머릿속에서 지위지지 않는다. 등산 인구가 절정으로 늘어나던 당시에는 산에 숲도 우거지지 않고 산불로 걱정하던 시대도 아니어서 등산배낭 안에는 언제나 버너와 코펠이 준비되어 있었고 점심시간에는 동행들과 야

외에서 즐기는 식사 시간은 또 다른 즐거움이었다.

 가족과 함께 하는 등반도, 친구들과 함께 할 때도 등반은 즐거운 행사였다. 근교 산으로는 북한산이나 도봉산 그리고 수락산을 주로 다녔다. 청계산이나 관악산은 집에서 거리가 멀어 겨우 몇 번 다녀 왔지만 그들 모든 산이 명산이다. 도봉산 만장봉은 쳐다만 볼 뿐 가장 많이 찾은 곳은 헬기장이었다.

 수락산은 많이 다녔지만 중턱까지만 주로 다녔던 것 같다. 중턱을 지나면 힘하고 가파른 길이어서 정상까지는 가 보지 않은 근교 산이다. 중턱까지만 다녀와도 산행거리가 짧지 않아 충분히 땀도 흘리고 운동량도 넉넉하고 동행인들과의 교분도 두터워 즐거운 하루가 될 수 있어 자주 다녔던 산행길이다.

 내가 가장 좋아하고 잊을 수 없는 곳이 북한산이다. 북한산에는 몇 개의 영봉이 있지만 정상인 백운대가 산을 좋아하는 사람들을 포근히 안아주는 편안한 곳이다. 백운대의 품에 안기려면 많은 땀을 흘려야 하고 가쁜 숨을 몰아쉬기도 하면서 힘들게 올라가지만 정상에 오르는 순간 그 기쁨, 산을 오르는 사람만이 느낄 수 있는 행복감이다.

 배낭 안에는 한 살림이 들어 있다. 쌀과 물, 고추장과 꽁치 통조림이 당시의 중요 점심 메뉴였다. 얼큰한 매운탕을 끓여 놓으면 특별한 반찬이 없어도 배불리 먹을 수 있으니 진수성찬이 따로 없다. 아이들 데리고 소풍을 갔을 때도 같은 메뉴라도 아이들도 맛나게 먹어 주니 식사 시간이 기다려졌었는데 몇십 년이 지난 지금도 아이들은 그때 아빠 솜씨가 그립다고 한다.

 서울 생활 10년이 지나도록 하루도 쉬는 날이 없었는데 도매시장에 입점하고는 매주 일요일 정기휴일이어서 그날은 가족과 함께 산으로 들로 소풍을 가기도 하고 친구들과 등산을 하는 것이 일상화되어 기다려지는 날이었다.

 북한산 등반은 우이동행 버스를 타고 종점에 내리면 그날의 등반이 시작된다. 도선사 주차장을 지나면 가파르고 험한 길이 등반의 맛을 보여준다. 땀을 흘리면서 숨을 헐떡이며 오르는 고개가 깔딱고개다. 이 고개를 넘으면 1차 관문은 통과한 셈이다. 내리막길을 한참 내려가면 땀이 마르기도 전에 정상을 쳐다보며 다시 올라가는 길이 험하고 아득하다.

 인생살이 험난한 코스를 하루에 흉내를 내는 것이 산행인 것 같다. 다시 땀을 흘리면서 도착한 곳이 백운산장이다. 이곳에서 마지막 휴식을 취하고 차 한잔하는 시간이 달콤하다. 다시 한번 배낭을 점검하고 빠진 것이 없는지 확인한 후 필요한 것이 있으면 구입하고 마지막 산행을 시작한다.

 드디어 정상에 도착한다. 세상이 내 발아래 있다. 서울 시가지가 한눈에 들어오고 고층빌딩이 성냥갑처럼 보인다. 자동차들이 개미처럼 보이고 사람은 아예 보이지도 않는다. 높게만 보이던 백운대가 포근히 맞아준다. 산을 오르는 기쁨이 여기에 있다.

 백운대는 많은 사람이 자주 찾는 부드럽고 편안한 바위다. 도착한 순간 마음이 편안해진다. 백운대와 쌍벽을 이루는 인수봉이 바로 앞에 마주 보인다. 인수봉은 전문 산악인들의 등반 코스다. 로프를 이용 산을 오르는 모습은 보기만 해도 손에 땀이 난다. 언제나 몇 명이 깎아지른 절벽에 로프에 매달려 있는 장관을 볼 수 있지만 아슬아슬하다.

우리 같은 아마추어들은 평범한 산을 올라 하루를 즐기는 것으로 만족하지만 전문 산악인들의 세상을 알 수가 없다. 생명을 걸고 도전 정신으로 등반하는 그들을 보면 새로운 세상이 있는 것 같기도 하다. 인수봉에도 몇 년에 한 번씩은 추락사고가 있지만 인수봉을 등반하는 산악인들의 모습은 예나 지금이나 한결같으니 무사고 등반을 바랄 뿐이다.

백운대를 등반하던 젊은 시절이 그립기만 하다. 함께 하던 친구들 대부분이 만날 수 없고 이젠 산에 오를 체력이 따라주지 않으니 즐겁기만 하던 그 시절이 그립기만 하다. 지금도 백운대가 올라오라고, 한번 보자고 손짓을 하는 것만 같지만 세월은 나를 집 근처에만 붙들어 놓고 있다.

금강산 관광

2007년 9월 금강산 관광을 다녀왔다.

장남과 차녀가 주선해서 재종 아우 내외와 손위 아래 두 동서와 우리 내외, 여섯 명이 사이좋게 다녀온 정말 오랫동안 기다려온 신나는 여행이었다.

내 아들딸이 경비에서 수속까지 일괄 처리하는 여행이고 보니 내 마음은 더욱 흡족했다. 말만 듣던 금강산에 가고 있으나 내 마음은 잔뜩 부풀어 몸보다 마음은 앞질러 가고 있다.

벌써 금강산 다음은 개성 그다음은 묘향산, 금강산을 가고 있으면서 마음은 묘향산에 가 있다. 묘향산은 너무나 신비롭게 들어왔기에 극락세계를 사전 답사하는 기분일 것 같다. 산세 하며 사찰까지 묘향산의 모든 것이 더 궁금해진다. 금강산 관광은 동해를 따라 비무장지대를 넘어가는데 외국 여행 시 입국 수속보다 조금은 더 까다롭다는 생각으로 긴장된 느낌이었다.

비무장지대를 지나 북한 땅에 들어서는 순간부터 든던 대로 산에 나무는 없고 풀만 보였다. 꽤 멀리 올라간 뒤에 주민들의 집도 보이고 군인들도 보였지만 주민들은 보이지가 않았다.

주택은 재개발로 헐기 위해 손대지 않는 남측 저층 아파트처럼 금방 무너질 것 같은 형태였다. 사람이 보이지 않으니 살고 있는지는 알 수가 없었다. 다만 집들이 있는 곳에는 으레 마네킹처럼 서 있는 군인을 볼 수가 있었다. 군인들은 가까이 갔을 때 말을 걸어 봐도 못 들은 척 대꾸도 하지 않았다. 주민들이 산다는 주택이나 군인들의 모습이 어려워 보였는데 외관상이나마 공개하는 이유가 무엇인지 무척 궁금했다.

목적지인 금강산에 도착했을 때는 놀라웠다. 민둥산만 보며 올라왔는데 이곳은 산에 나무가 울창했다. 오래된 나무들이 잘 보존되었는데 바위에 글씨를 너무 많이 새겨 놓아 자연이 훼손되어 흉물스럽다는 생각이 들었다. 체제 선전도 중요하지만 이런 곳만이라도 자연 그대로 두었으면 얼마나 좋았을까 몹시 안타까웠다.

그래도 역시 이름값은 충분했다. 정말 아름다웠다. 이박 삼일 일정 중 첫날은 구룡폭포 구경이었다. 급한 경사도 없고 길도 대체로 잘 정비되어 있는데도 내 체력에는 무척 힘이 들었다. 그래도 맑은 공기 덕분에 땀 흘려가면서 무사히 목적지까지 갔다. 폭포물이 떨어지는 곳에는 소가 형성되어 있었는데 구룡연이라고 했다. 폭포의 높이도 높고 주변 경관도 아름다워 힘들어도 올라올 가치가 충분하다고 생각했다. 그 옛날 용들이 오르내렸다고 하니 지금도 인적 없는 비 내리는 깊은 밤이면 청룡 황룡이 노닐 것만 같은 착각이

들기도 했다.

 글씨대로라면 아홉 마리의 용이 승천한 곳일 텐데 그보다는 크지 않은 구룡연에 눈길이 갔다. 선녀들이 내려와 목욕을 하던 모습이 보이는 것 같은 정말 아름다운 화려한 장면이 연상되는 것이 아닌가. 날개옷은 어느 곳에 벗어 두고 목욕을 했을까. 날개옷을 훔치려면 어느 쪽으로 숨어들어야 할까. 우스운 생각까지 해 보았다.

 수많은 사람이 사진 촬영에 정신이 없다. 우리도 현지 안내원과 사진도 찍었다. 안내원들은 대화에 대체로 잘 상대를 해 주었다. 그러나 여러 곳에서 통제된 사회라는 것을 감지할 수 있었다.

 구룡폭포 구경을 마치고 내려오면 계곡물이 너무 맑고 깨끗하다. 그 맑은 물에 아우가 손을 씻다가 경비원이 달려와서 낭패를 당할 뻔했다. 금강산 물에 손발을 씻으면 바로 처벌을 받는다고 했다.

 왜 여기에서 손을 씻느냐고 해서 아우는 임기응변으로 손을 씻는 것이 아니고 물이 너무 맑고 깨끗해서 두 손으로 떠서 먹는 중이라고 했단다. 그러니까 경비원이 그러냐고 하면서 절대로 손을 씻어서는 안 된다고 했단다.

 아찔한 순간을 잘 넘겼다. 내려오는 길에 옛날에 없어진 절(신흥사)을 중창을 해서 깨끗하게 지어 놓은 곳도 구경했지만 우리 쪽에서 지은 것이란다. 북측에서 해 놓은 것은 없고 호텔이나 상가까지 모든 시설물은 우리가 만든 것이라고 했다.

 장진호는 인공 호수처럼 참으로 아름다웠다. 호반에 시설된 호텔이나 리조트도 아주 깨끗하고 좋았다. 이렇게 아름다운 호반에서 훗날 남측 여성이 사살되는 참극이 벌어져 아직까지 금강산 길이 막힐 줄이야. 그때는 상상도 못할 일이었다.

첫날 밤 리조트 객실은 참으로 깨끗하고 좋았다. 여섯 명이 객실 세 칸에 들었는데 저녁 늦은 때 술과 안주를 준비하고 한곳에 모여 장전호를 보면서 보낸 시간은 잊을 수 없을 만큼 너무 좋았다. 맑은 공기 마시며 장전호를 싸고 있는 불빛들을 보면서 마시는 술 맛은 잊을 수가 없다.

둘째 날은 너무나 유명한 만물상 구경이다. 만물상 관광 코스는 철다리를 걷는 곳이 너무 많다. 올라가는 길과 내려오는 길이 달라서 한 번 올라가면 되돌아올 수가 없도록 되어 있었다. 손위 동서와 아내는 어제와 마찬가지로 올라가는 관광은 기권했다. 참으로 아쉬운 일이다.

만물상은 들은 대로 기기묘묘하게 생긴 돌과 바위가 빽빽하게 무수히 솟아 있는 것이 정말 장관이었다. 가히 세계적이라고 할 만하다는 생각을 했다. 정말 상상의 세상이다. 내가 생각하는 모든 것이 다 모여 있는 것이 아닌가. 생각하기 나름으로 동물 모양이 바뀌기도 하고 꿈의 세계인 것 같았다. 이 절경을 보기 위해 얼마나 많은 사람이 동경해 왔던가.

만물상이 가장 가까운 지점 높은 곳에 천선대라는 푯말이 붙은 곳이 있었는데 이곳이 북한이 지정한 천연기념물이라는데 아무것도 없고 푯말 하나만 세워져 있었다. 만물상 관광 코스 중 만물상이 가장 잘 보이는 곳이기는 했다.

관광은 역시 먹는 것이 큰 몫을 하는 것 같다. 모란각에서는 냉면 먹는 맛보다는 여자 종업원들의 얘기 듣는 것이 오히려 재미있었다.

금강산은 북한 땅이어서인지 서커스 구경이 재미있었다. 그들은 세계적인 예술단이라고 하지만 이제는 한물간 예술인지 볼 때뿐이고 오래 기억에 남지는 않는 것 같다.

하룻밤 자고 나면 2박 3일 관광이 끝이라고 생각하니 섭섭해서 오늘은 북한 자연산 생선회로 실컷 먹고 술도 취하도록 먹을 생각이었는데 펑크가 났다. 그곳 바다 사정으로 생선을 잡지 못했다며 횟집이 문을 열지 않았다. 남쪽에서 구하기 힘든 자연산을 북쪽에서라도 실컷 먹어보려 했는데 아쉬움을 뒤로 해야 했다. 2박 3일 여행 코스가 마지막이 좋아야 할 텐데 자랑거리가 줄어들고 말았다. 참으로 아쉬운 일이었다.

아무 때나 올 수 있는 곳도 아니어서 잔뜩 가슴 부풀었던 북한 땅 여러 곳의 여행 꿈은 지금은 꿈속으로 사라졌다. 개성 관광도, 묘향산 보현사는 너무나 유명한데 그곳도, 북한 쪽 백두산 관광도 모두 꿈속으로 사라진 느낌이다.

내 나라 내 땅이지만 외국보다 가기가 너 어려운 곳이다. 금강산 관광은 관광보다는 금단의 땅을 밟아본다는 생각이 모든 사람의 한결같은 마음인 것 같았다. 얼마나 오랜 세월 상상만 하던 땅이었던가. 묵념 땅의 공기를 마셔보는 것만으로도 신비롭고 흡족했다.

통일이 되어 마음대로 오고 갈 수 있는 세월이 온다 해도 오히려 지금처럼 신비롭지는 않을 것 같다. 신비감은 떨어지더라도 하루빨리 통일된 조국에서 이산가족 없이 오순도순 살아갈 수 있는 그 날은 언제일까?

3

추억의 다른 이름, 그리움

꿈을 꾸다

　수면 중에 꾸는 꿈, 소망하는 것을 이루려 하는 것도 우리는 꿈이라고 한다. 살아가는 일상생활 중에 하고 싶은 것이 얼마나 많은가. 그 많은 것들을 내 것으로 만들고 싶고, 갖고 싶은 모든 것이 곧 꿈이기도 하다.
　지난밤 수면 중에 악몽을 꾸고 나니 꿈에 대해서 많은 생각을 하게 된다. 꿈은 어째서 꾸게 되는 걸까. 옛날에는 평소에 간절하게 생각하게 되면 꿈속에 나타나게 된다고 했는데 사실 같기도 하고 아닌 것 같기도 하고 아리송하다.
　가슴 아프도록 이별이 아쉬워 날마다 그리워할 때는 가끔씩이라도 꿈속에서 볼 수 있던 사람도 세월이 지나면서 나타나지 않는 것을 보면 평소의 생각과 꿈의 연관성이 있어 오래된 일일수록 꿈과는 거리가 있는 것 같지만 요즘 꿈은 아예 나와는 상관없는 엉뚱한 꿈들만 꾼다.
　꿈을 꾸지 않고 숙면을 할 수 있는 꿀잠을 잘 수 있다면 얼마나 좋을까. 하룻밤에 5, 6회 소변을 봐야 하니 숙면을 할 수가 없다. 짧은 수면 중에도 끊임없이 꿈을 꾼다. 제목도 스토리도 없는 허황된 꿈을 꾼다. 잠을 깨면 머리만 아프고 무슨 꿈을 꾸었는지 전혀 기억이 안 되는 허황된 꿈들이다.

오늘은 돌아가신 지 40년이 가까워 오는 어머니가 보고 싶다. 이렇게 보고 싶은 날은 꿈속에서라도 뵐 수가 있다면 얼마나 좋을까. 교통사고로 돌아가신 어머니의 지난날이 현실처럼 생각이 난다. 병원 응급실을 거쳐 중환자실에서 두 달이 넘도록 고생을 하셨는데 그때도 하루 두 차례 면회 시간이 있어 뵐 수가 있었는데 지금은 꿈속에서라도 뵙고 싶은 어머니이니 지난날이 그립다.

돌아가신 직후에는 가끔씩 꿈속에서 뵐 수가 있었다. 세월이 흐르면서 언제부터인가 꿈에도 나타나지 않았는데 오늘따라 그리워진다. 내 어린 시절 가난했지만 어머니의 사랑이 세상 전부를 가진 만큼 행복했던 것을 생각하면 이렇게 그리운 날은 오늘 밤 꿈속에서라도 뵐 수가 있었으면 좋겠다.

꿈도 연령대에 따라 많은 변화가 온 것 같다. 어린 시절에는 공중을 날아다니는 꿈도 꾸었고 가장 많이 자주 꾼 꿈이 높은 언덕에서 뛰어내리는 꿈을 많이 꾼 것 같다. 부끄러운 얘기지만 꿈속에서 오줌이 마려워 소변을 보는데 시원하지도 않고 끙끙거리다가 잠을 깨보면 요가 젖어 있었던 기억도 있다.

지금은 꿈속에서 보이는 사람이면 영락없이 타계한 분들이다. 특별히 친하지도 않았고 보고 싶은 분도 아닌데 꿈속에서 보이는 것은 어떤 연유일까. 잠을 깨고 나도 어쩐지 길몽은 아닌 듯하여 하루 종일 신경이 쓰인다. 그런 날은 하루가 참으로 지루하다. 무사히 하루가 지나가면 큰일이라도 치른 것처럼 가슴을 쓸어내리게 된다.

나쁜 꿈을 꾸더라도 그냥 꿈이려니 하면 될 텐데 신경이 쓰이는 것은 왜일까. 하룻밤에도 계속 꿈을 꾸지만 기분 좋은 꿈을 꾸지 못하니 꿈이 불편하다. 기왕 꾸는 꿈이라면 용꿈이나 돼지꿈이라도 한 번 꾸어 봤으면 좋겠다. 그런 꿈을 꾼다면 로또복권이라도 한 번 사보고 싶은데.

동해 바다가 훤히 보이는 강원도 숲속 펜션에서 한우고기 구워 먹으면서 함께 즐기던 그때가 언제였던가. 춘천과 가평의 경계선인 화악산 높은 고개턱에 지어진 팔각정에서 손수 만든 특제 김밥을 펼쳐 놓고 소풍 기분을 내던 지난날이 아련한데 꿈속에서라도 그런 장면을 만날 수 있다면 얼마나 좋을까. 야속하게도 한 번도 그런 꿈이 없었으니 안타까울 뿐이다.

악몽이나 흉몽으로 밤을 새우고 나면 피곤하고 괴로우니 그 이유조차 몰라 하루 종일 힘이 든다. 길몽이나 선한 꿈만을 꿀 수는 없을까. 세상조차 시끄러우니 조용한 세상이 오면 꿀잠을 잘 수 있을까. 아침에 기상을 하면 몸과 마음이 개운하여 상쾌한 기분으로 산책길에 나설 수 있었으면 좋겠다.

새처럼 창공을 마음껏 훨훨 날고 싶다. 깊고 넓은 강도 건너고 높은 산도 넘고 세상을 내려다보면서 활공을 할 수 있는 그런 삶도 인간의 능력으로 이룰 수 있는 그런 세상이 꿈이 아닌 현실로 다가왔다. 달나라도 다녀오고 우주여행이 현실이 되고 보니 인간의 능력이 어디까지인지 가늠하기 어려워졌다.

　저물어가는 계절이 되고 보니 소망하는 꿈도 서산에 걸려 있다. 하루가 다르게 발전하는 세상이 어지럽기만 하다. 따라가기 힘겨워 숨이 목에 찬다. 희망찬 봄도 왕성한 여름도 있었고 푸짐한 추수철 가을도 있었건만 이제는 모두가 지난 일일 뿐 욕심도 버리고 멀리서 조용히 지켜볼 뿐이다.

　앞만 보고 열심히 살아온 지난날을 뒤돌아본다. 자식들 모두가 열심히 살고 있는 모습이 그동안 쌓아 온 공든 탑이 완성되는 것 같아 흐뭇한 마음으로 지켜보고 있다. 부모 자식으로 만난 것이 감사할 뿐인데 무슨 욕심을 더 가져야 할까. 꿈도 욕심도 접고 꿀잠이나 잘 수 있으면 좋겠다.

꽃밭에 사는 처제 내외

　경기도 남양주 수동면 산기슭에 집을 짓고 농부 생활을 하고 있는 처제 내외의 집을 방문하고 보니 꽃들이 먼저 인사를 한다. 주변에 우거진 숲이 여름 한철 더할 수 없이 아름다운데 활엽수 잎이 떨어지는 겨울철에는 산불이라도 나면 어떻게 하나 가끔씩 걱정이 되기도 했다. 지금은 여기저기 있는 소나무에서 예쁜 꽃도 아닌데 송홧가루가 날려 신경을 쓰고 있는 것 같았다.
　삼면은 숲으로 둘러싸여 있지만 앞에는 넓은 밭이 있어서 그 땅을 빌려 농사도 하고 있었는데 지금은 힘이 달려 빌린 땅은 돌려주고 마당을 텃밭으로 이용, 극소농으로 농사를 하고 있다.
　필요한 채소는 골고루 심어 먹고 남을 정도라면서 자고 나면 자라는 모습이 보여 덤으로 즐거워하고 있었다.
　텃밭으로 사용하는 토지 외에 사방의 자투리땅이나 비어있는 땅에는 모두가 화초가 자리를 잡고 있다. 화초를 기르는 데 일가견이 있어 이름도 알 수 없는 아름다운 화초들을 골고루 심고 있어 연중 꽃이 피고 진다. 집 둘레에 온갖 꽃이 피어 있으니 꽃밭 속의 집이라는 생각이 든다.

5월 초 방문에 꽃들이 반가워한다. 꽃도 흔한 철쭉이나 진달래 개나리 같은 꽃들은 심지 않고 귀한 작약이나 모란 같은 약초 꽃을 주로 심는 것을 보면 꽃을 보는 안목이 보통이 아니다. 꽃 이름도 모를 수십 종의 꽃들이 아름답게 피어 있어도 약초인지 화초인지 알 수가 없지만 아름다우니 그만이다.

민들레는 잡초지만 아름다움에 끈질긴 생명력까지 더해 사람들의 사랑을 받고 있다. 외래종인 노란 꽃 민들레는 꽃이 아름답고 웃으면서 반갑게 맞이하는 인상이어서 매일 봐도 싫증이 나지 않는 꽃인데 워낙에 흔해서 귀한 대접을 받지 못하는 것이 안타깝지만 용도가 다양하여 천대 받지 않는 꽃이다.

집안에 민들레가 여기저기 있어 살펴보니 귀한 대접을 받는 재래종 민들레가 아닌가. 흰 꽃이 피는 민들레는 번식이 잘 안 되는 종이어서 지금은 찾아보기 힘든 귀물이다. 흰 꽃은 슬픔을 머금은 듯 새치름한 모습이 아주 특별하여 번식을 위해 신경을 쓰면서 기르고 있는 중이라고 했다.

옛날에는 흔하던 할미꽃도 지금은 귀한 대접을 받고 있다. 빛을 잘 받는 양지쪽에 피는 할미꽃이 수풀이 우거지는 세상이 되어 서식지가 줄어드는 세상에 사람들이 함부로 캐어 자기 집에 심으면서 귀물이 되어 번식을 위해 집안에서 키우다면서 30여 분이 귀하게 자라고 있었다.

　꽃이 꼬부라져 꼬부랑 할머니를 닮았다고 할미꽃이 되었다고 했는데 꽃이 지고 씨앗이 곧추서 있는 모습은 자주색 꽃 못지않게 신기하고 귀물로 보였다. 주변 지인들이 분양을 원했지만 아직은 누구에게도 나누어주지 않았다고 했다.

　모란꽃은 크고 화려하다. 일찍 핀 꽃은 시들어 가는데 위쪽 늦게 핀 꽃들이 지금 한창이라 정말 보기가 좋다. 꽃 중에 왕이라고 해야 할까. 조그만 야생화 꽃들이 흰 꽃과 노란 꽃이 무더기로 피어 제법 예쁜데 모란꽃 큰 꽃송이가 잘 대비되는 아름다운 모습이다.

　아직 어린 꽃송이들이 줄줄이 달려 있는 작약이 활짝 피는 날에는 정말 화려할 것만 같다. 작약은 포기도 많은데 어린 꽃봉이 매달려 있는 모습이 활짝 피었을 때가 연상이 되어 보기가 좋고 더구나 작약은 부인병에 특효약이라고 한의에서 귀한 대접을 받는 약초이고 보니 활짝 핀 꽃을 보고 싶다.

　처제 내외가 정말 행복한 시간은 아름다운 꽃밭에서 노닐 때이다. 아들딸 삼 남매와 며느리 사위들 그리고 여섯 명의 손자녀들이 가장 아름다운 꽃들이다. 하나뿐인 아들과 며느리, 어떤 꽃들과도 비교할 수가 없는 아름답고 화려한 꽃이다. 착한 아들과 어진 며느리가 있어 인생 노후를 밝히는 등불이 되어 주변의 부러움을 살 만하다.

　큰딸과 막내딸이 향기 넘치는 꽃들이다. 주말이면 찾아와 맛있는 음식으로 살맛을 보여주는 꽃밭을 만든다. 아들 며느리 사위들과 함께 만드는 음식은 무엇을 만들어도 맛나고 푸짐해진다. 돌판에

삼겹살을 구워 먹어도 세상 첫째가는 진미이니 어떤 진수성찬도 부러울 것이 없는 꽃밭이다.

오락 시간을 제대로 갖는 것은 이 집만의 내력이다. 꽃 그림을 가지고 노는 오락 시간은 아무 집에나 있는 내력이 아니다. 밤을 새우면서까지 즐길 때도 있다고 하니 정말 대단한 오락이다. 얼마나 재미가 있으면 밤까지 샐 수가 있을까. 꽃밭이기에 피곤도 모르고 즐겁기만 했을까.

어린 꽃들이 그렇게도 예쁘다고 한다. 큰딸은 한 명, 둘째 아들은 남매, 막내딸은 삼 남매를 두어 손자녀가 여섯 명이다. 여섯 명의 꽃을 보는 날은 그저 즐겁기만 하다고 한다. 사이좋게 지내는 여섯 명의 꽃이 그렇게 아름다울 수가 없다고 한다. 아직은 촌수도 모르는 꽃봉오리인데 사이좋게 지내는 것만으로 예쁘기만 하여 돌아가는 뒤통수를 보았는데도 금방 보고 싶은 꽃들이란다.

세상 사는 사람이면 욕심은 있게 마련인가. 일생 살아오면서 가장 행복하게 살아가는 요즘인데 조금 더 바라는 것이 있어 보여 욕심을 놓으라고 충고를 한다. 옆에서 지켜보면 가장 행복해 보이는데 무엇을 더 바라기보다 부족했던 과거를 생각하면 지금이 얼마나 화려한 꽃밭이냐고 말참견을 했다.

축령산 인근 산자락 숲속 집에 아름다운 꽃이 피는 좋은 날에 2박 3일 여정으로 맑은 공기 실컷 마시고 꽃구경 잘했으니 보약을 먹은 듯 몸이 가벼워질 것만 같다. 젊은 시절 친구와 축령산 산행을 한 적이 있는데 어디쯤인지 짐작조차 가지 않는다. 세상은 어제가 옛날인 기분이 든다.

고향집 살구나무

 그리움은 상대도 많고 강도도 천차만별이다. 하찮은 것도 그리울 때는 세상 무엇보다도 중요하게 느껴지는 것을 보면 그리움이란 신께서 인간에게 내린 은혜 중 중요 덕목이란 말이 허언은 아닌 듯하다.
 어느 날 갑자기 고향집 살구나무가 보고 싶어졌다. 이것도 분명 그리움이다. 어머니가 심은 살구나무가 무럭무럭 잘 자라 몇 년이 지나니 아름답게 꽃이 피고 열매가 커 가는 모습을 보는 것은 참으로 신기했다.
 마당 끝에 심은 나무가 십 년이 가까워지니 내 키로 두 배 이상 커버려 제법 과일나무 모습을 갖추었고 봄철이면 아름다운 꽃을 피워 집 전체를 화사하게 할 뿐만 아니라 향기가 집안 전체를 감싸 선경인 듯 즐겁기만 했었다.
 여름철 살구가 익으면 쳐다보는 것만으로도 즐거웠다. 노랗게 익은 과실이 제법 커서 이웃 사람들이 부러운 눈으로 쳐다보면 하나씩 맛을 보라고 따 주면 달고 신맛이 적당하다며 좋아하던 당시의 모습이 어제인 듯 생각이 난다. 지금쯤은 어떻게 되었을까 궁금하기도 하지만 세월이 너무 많이 흘러 나무가 잘 보존되어 있다면 고희의 나이가 되어 거목이 되었을 모습을 상상해 보기도 한다.

애지중지 키우던 나무를 두고 고향을 떠나온 지가 반세기 하고도 10년이나 지났으니 늙은 나무가 되었을 것만 같지만 수목은 수명이 사람과 다르니 아직은 젊은 수목으로 해마다 봄이 되면 아름답고 향기로운 꽃을 피워 집주인은 말할 것도 없고 지나가는 이웃들에도 아름다움과 향기를 선사할 것만 같다.

어머니 모시고 살던 지난날 시골에서의 생활이 그리워지면 마당 끝에 서 있던 살구나무가 보고 싶어진다. 한 해가 다르게 싱싱하게 자라는 살구나무를 보는 것은 어머니는 나와 비교하면서 키운 것은 아닌가 생각해 보기도 한다. 살구나무 한 그루를 애완동물 기르듯 정성을 다해 키운 지난날을 생각하면 지금이라도 한 번쯤은 찾아보고 싶어 그리움의 대상이 된 것 같다.

살구는 특별한 과일 대접은 받지 못했지만 버릴 것이 없는 과일이다. 과육을 먹고 나면 씨앗도 그냥 버리지 않는다. 딱딱한 씨앗은 돌이나 망치로 깨면 먹을 수 있는 속 씨앗은 쌉싸름하면서도 고소한 맛 때문에 하나도 버리는 일이 없는 귀중한 대접을 받는다. 한의에서는 행인이라 하여 약으로 사용하기도 하는 살구 씨앗 먹어보던 지난 세월을 가만히 불러본다.

단 한 그루 살구나무, 한창 성장하기 시작하던 유일한 과일나무,

무척이나 아끼고 사랑했었는데 많은 세월 잊고 살아온 것이 생업이 그만큼 어려웠던 것이 아닌가 싶다. 과일 꽃이 그처럼 아름다운 것은 복숭아와 매화 종류 정도가 아닌가 생각할 뿐 정말 아름다운 꽃이다.

  나무 한 그루 심기도 쉽지 않은 조그만 집에 마당 끝이지만 살구나무가 자리를 잡은 것은 어머니의 특별한 애정 표현이었던 것으로 생각된다. 어린나무에서 꽃이 피고 열매가 맺기까지 키우는 정성은 자식을 키우는 만큼이나 애정을 쏟았던 것으로 생각된다. 지극한 정성으로 키운 나무를 두고 고향을 떠나올 때는 발걸음이 떨어지지 않았을 텐데도 아무런 표정을 보이지 않은 어머니의 마음을 짐작도 못했으니 미안함이 태산 같다.

  갑자기 살구나무가 보고 싶어 고향을 생각해서인가 십여 년이 지나도록 꿈에도 보이지 않던 어머니를 꿈속에서 상면을 했다. 사후 초년에는 꿈에서 가끔 어머니를 뵐 수 있었지만 무엇을 하는 모습을 보는 것이 잠시일 뿐이었었는데 이번 상면에서는 처음으로 대화까지 나누었으니 무슨 일인지 모르겠다.

  평소 생시 때처럼 편한 자세로 관광버스에 타고 앉아서 나보고 타라면서 앉았던 자리에서 일어서는 것이 아닌가. 어머니가 일어서니 자리가 없어 옆에 서 있던 분이 금방 그 자리에 앉는다. 좌석은 버스 맨 뒤에서 두 번째 좌석인데 내가 앉지 않겠다면서 사양을 하니 그 자리에 앉았던 분이 일어서고 어머니가 다시 앉는 너무도 선명한 꿈이었다.

꿈속이지만 어머니와 생생하게 대화까지 나누면서 만날 수 있는 것은 기적이었다. 함께 정성을 기울여 기르던 살구나무를 그리워해서인가 어머니를 만나 대화를 한 것은 너무나 신기하고 하늘나라에도 관광버스를 타고 유람을 다닐 수 있는 것 같아 꿈을 깨고도 기분이 상쾌했다.

고향집 살구나무가 어머니 일생을 다시 돌아보게 되는 단초가 된다. 어린 나를 키우면서 겪은 고생을 생각하면 오금이 저려오지만 티 없이 건강하게 키우려고 애쓰신 당시에는 어머니의 어려움은 생각도 못 하고 마냥 행복해하면서 성장했으니 철이 든 뒤의 아픔이 더욱 컸던 것 같다.

동네에서 가장 작은 집이지만 두 식구가 살기에는 부족함이 없는 황토로 지은 지금 생각하면 친환경 집이었다. 지독하게 가난한 형편이었지만 어려움은 어머니 몫이었고 아들에게는 부족함을 모르도록 노력하신 흔적은 철이 들면서 느꼈으니 수많은 세월 고통을 참아내신 인내는 훗날 행복한 가정을 이룰 수 있는 밑거름이었지만 대가치고는 너무나 혹독했다.

어머니 살아 계실 때 고향집 한 번 방문하지 못한 것이 두고두고 안타깝다. 어머니 모시고 고향 동네를 방문했더라면 20여 년 살면서 겪은 수많은 사연을 더듬어 볼 수 있었을 텐데 조그만 황토집도 마당 끝에 심어 놓은 살구나무도 그대로 있다면 안아도 보고 쓰다듬어도 보고 그리워만 하던 회포를 풀어볼 수도 있었을 텐데 참으로 지난 과거가 그립기만 하다.

남들이 생각하기에는 하찮은 살구나무지만 내게는 일생에 처음이자 마지막으로 가꾸고 사랑하던 나무이니 쏟은 애정은 말로 표현하기 어렵다. 늦은 봄 피는 꽃은 그 어떤 꽃보다 아름답다. 전국을 뒤덮은 벚꽃보다 나는 살구꽃이 더 아름답다고 생각한다.

거기에다 맛 좋은 열매까지 열리니 사랑받을 수밖에 없는 수종인데 과일로서 선호 품종이 못 되어 뒤로 밀리는 것 같지만 아름답고 향기로운 꽃만으로도 잊을 수가 없다. 어머니가 심고 함께 가꾼 살구나무, 지난 세월이 그리워지면 어머니가 몹시 보고 싶어진다. 어머니 뵙고 싶습니다.

그리운 얼굴

반세기 전에 받았던 편지 한 통, 딱 한 번 받았던 그 편지가 가끔씩 생각이 난다. 겨우 성년의 나이가 되었을 무렵 그 당시는 시골에서는 학교에 가지 못해 한글도 익히지 못한 젊은 문맹자가 가끔씩 있었다. 한두 살 아래인 여동생들에게 한글을 가르치는 야학 선생 노릇을 한 것은 평생을 두고 잊을 수 없는 추억이 아닐 수 없다.

요즘 와서 노안의 탓인지 돋보기안경이 아니면 문자를 볼 수 없으니 눈의 중요성을 절실히 느끼고 있다. 안경의 힘을 빌려 글을 읽거나 쓸 때는 휴식 시간이 더 길어야 하니 불편함이 이루 말할 수 없다. 그러나 시각장애인들을 생각하면 이 정도쯤이야 행복한 고민이 아닐까 싶다.

정상적인 시력을 갖고도 볼 수 없는 문맹자들을 생각할 때 그 답답함이 오죽했을까. 지금도 한글 기초반을 노인복지관에서 운영하는 것을 보면 노인 수강생들이 평생 동안 겪었을 어려움을 어찌

말로 다할 수 있을까. 그분들이 늦게나마 글을 익혀 볼 수 있었을 때 그 기쁨이 얼마나 컸을까 생각하면 지난날이 어제 일인 듯 눈앞에 펼쳐진다.

성년의 나이가 되어서야 야학을 한 것은 낮에는 각자 일을 해야 하니 저녁식사 후에는 좀 늦도록 공부할 수가 있어 오래지 않아 한글을 깨칠 수가 있었던 것 같다. 가르치는 나도 배우는 동생들도 기쁘고 신이 났다. 당시를 생각하면 지금도 그때가 그립다. 추운 겨울에는 야참을 해 먹으면 어찌도 그리 맛이 있던지 반찬이래야 김치가 전부지만 진수성찬보다 더 맛나게 먹던 것을 생각하면 지금도 군침이 돈다.

그렇게 정든 동생들도 성년이 되었으니 결혼하여 멀리 떠나 만나기가 쉽지 않고 다정했던 당시의 얼굴만이 뚜렷하게 떠오를 때는 몹시 보고 싶어 형언하기 어려울 정도로 가슴이 아려온다. 한 살 아래인 동생은 결혼 후 오래지 않아 부산으로 가서 잘 살고 있다는 소식만 들었을 뿐 얼굴 한 번 대면하지 못했으니 이것이 인생사인가 싶다.

두 살 아래인 동생은 특별히 더 보고 싶다. 친남매처럼 지내온 사이다. 어머니도 조카 아닌 딸처럼 아끼던 동생이다. 어머니를 모시고 상경할 무렵에는 우리 집에 살다시피 마무리를 도와주던 동생이었고 내가 떠난 뒤에는 가장 아쉬워했다는 얘기를 들었을 때는 다시는 볼 수 없는 사람처럼 섭섭했다.

상경 뒷마무리를 돕겠다고 와 계시던 외숙모님께서 마음씨 착한 동생을 눈여겨보시고 며느리를 삼겠다고 중매를 넣어 안동에 살고 있던 외사촌동생과 성혼을 시켜 조금은 자주 만날 수 있는 인연이 되었다. 짝을 지워 놓고 보니 천생배필이었다. 생각지도 못했었는데 너무나 잘 어울리는 한 쌍이었다.

그 동생이 내가 처음 서울에 왔을 때 편지를 보내왔다. 아마도 생후 처음 써 보는 편지였을 것이다. 너무나 반가웠고 흐뭇했다. 하고 싶은 의사전달은 정확했고 글씨도 공을 들인 흔적이 역력했다. 열성적으로 노력한 동생이 장하기도 하고 함께 노력한 지난날이 자랑스럽기도 했다. 그 후 결혼하여 도시에서 상업에 종사하며 평생을 살았으니 야학을 하면서 노력한 보람을 누구보다 느꼈으리라 생각된다.

동생은 안동 시내에서, 나는 서울에서 반백 년을 넘게 살면서 외가에 사촌들이 형제가 많아 만날 기회가 많았다. 만날 때마다 우리는 친가로 따져 오누이로 평생을 살아왔고 외사촌동생과 결혼하면서 더욱 정겹게 살아온 것 같다.

동생이 언제부터인가 심장병을 앓아 인공판막을 끼우는 대수술을 받게 되면서 서울 우리 집에 장기간 묵게 되는 때도 있었다. 그럴 때는 정말 한 식구처럼 지냈었다. 십오 년이 지난 후 인공판막을 갈아 끼우는 대수술을 다시 했을 때도 수술 후 몇 개월마다 병원을 다녀가야 할 때도 당연히 숙식을 할 곳은 우리 집이었다.

나에게만 특별한 동생이 아니었다. 어머니는 친딸처럼 사랑했고 아내도 마음 맞는 시누이로 생각할 만큼 정다운 사이였다. 동생은 아이들을 아주 사랑했기에 아이들이 철들 때까지는 친 고모로 알고 자랐을 정도였다. 이처럼 각별한 사이였으니 내 가슴 한편에는 동생이 항상 자리를 잡고 있었던 것 같다.

얼굴을 마주하면 반갑고 헤어지면 다시 보고 싶은 동생을 다시는 얼굴을 마주할 수 없게 되면서 지난날이 하나하나 되새김질을 한다. 안동에 볼일이 있어 갔을 때는 형편이 넉넉지 않으면서도 차비를 내 손에 꼭 쥐어주던 감촉이 느껴지는 듯하다. 거절하면 섭섭해 할까 받아오고서도 마음이 아렸던 기억이 새로워 지금이 그날인 듯하다.

두 부부가 6개월 차이로 극락으로 갔다. 세상에 이런 인연도 쉽지 않을 것이란 생각이 든다. 평생을 함께 살면서 얼굴 한 번 붉힌 적이 없을 만큼 서로를 아끼면서 살아온 그들이야말로 진정한 천생연분이었던 것 같다. 옆에서 지켜보면 처음 만난 젊은 연인들처럼 다정다감한 모습은 정말 보기 좋았었다.

외가 선산 가족묘지에 영면하고 있는 동생을 오늘도 그리워한다. 오랫동안 병마와 싸우느라 지칠 대로 지친 동생과 언제 한 번 따뜻하고 정다운 얘기를 나눈 기억조차 없으니 무슨 면목으로 동생의 그 다정한 얼굴을 보고 싶어 한단 말인가. 그래도 다음 세상에 태어날 수 있다면 그때는 친남매로 태어나 더 가까이서 오래오래 자주 보며 살고 싶다.

동생은 아들만 3형제를 뒀다. 출산할 당시에는 시부모님의 사랑을 독차지했다. 남아선호사상이 강하던 당시에 아들만 쑥쑥 낳으니 사랑을 받을 수밖에….

 그러나 시대가 바뀌어 딸을 중히 여기는 지금은 딸이 없는 동생은 애틋한 효도를 받을 수가 없었다.

 아들 3형제가 하나같이 효자지만 아침에 나가면 저녁에 들어오는 직장 생활을 하다 보니 하루 종일 며느리와 있을 수밖에. 아무리 착한 며느리라 한들 딸과 비교가 되겠는가. 딸과는 지지고 볶고 싸워도 칼로 물 베기 식이지만 며느리는 아무리 착해도 서로가 조심스러우니 딸 없는 엄마가 불쌍하다는 말이 공공연하다. 다음 세상에서는 아들도 낳고 딸도 낳아 아들은 든든한 기둥 역할을 하고 딸과는 알콩달콩 재미나는 세상을 살았으면 좋겠다.

 아름다운 과거는 잡을 수만 있다면 잡고 싶은 것이 현실이지만 과거는 과거일 뿐. 이십 대 초반 추운 겨울밤 시골의 달빛은 유난히도 차가웠지. 쏟아지는 별빛을 받으며 동생들이 지어준 야참을 얼음 속에서 꺼낸 김치와 먹어도 어찌 그리 따뜻하던지. 지금 이 시간 동생들의 얼굴이 크게 확대되어 내 앞을 가로막는다. 보고 싶다. 동생의 얼굴이….

그때 그 친구

오랫동안 보지 않던 사진첩을 꺼내본다. 아득한 오래전 일들이 가물가물 하나둘 머릿속에서 떠오르기 시작한다. 30여 년 전 사진을 들고 그때 일들을 불러낸다.

특별히 가까이 지냈던 친구와 함께 있는 사진을 보니 지난 세월이 파노라마처럼 펼쳐진다. 초등학교 6년 동안 한 반인 때가 없어 아는 듯 모르는 듯 지내온 친구가 20년이 지난 후 서울에서 만나 일생 중 가장 가까운 친구가 되었다. 나는 평화시장에서 그 친구는 동대문 광장시장에서, 나는 의류를 그 친구는 양복지를 취급하면서 자주 만나게 되어 친분이 각별해진 것 같다.

역시 사람은 자주 만나야 우정이 깊어지나 보다. 그것도 벌써 40여 년 전 일인 것 같다.

그 친구는 아들만 셋을 뒀고 차남이지만 사람이 착해서 홀어머니를 자기가 모시고 살았다. 4남 1녀 중 차남이며 경제력도 형이나 동생보다 못하면서 극진히 어머니를 모시는 것을 보면서 친구 부부에게 더 깊은 애정을 가졌던 것 같다. 이때부터 아내도 친구 부인과 친하게 되어 특별한 친구 사이로 지냈다.

서울에서 처음 만났을 때 이 친구는 독실한 크리스천이 되어 있었다. 형은 불교 신자인데 어떻게 종교가 다른지는 알 수 없지만 온 가족이 신심이 대단한 크리스천으로 교회에서도 중요한 자리에서 일하는 것 같았다.

보고 배우는 것이 진실한 교육이라 했던가. 아들 삼 형제가 하나같이 착해서 공부도 열심히 하고 부모 뜻을 잘 따라주는 효자들이었다. 할머니와 함께 살아온 세월이 아버지의 효행을 배운 참 교육이었던 것 같다.

세월이 흘러 큰아들을 결혼시키고 큰아들 처가 쪽 권유로 지구의 반대쪽인 아르헨티나로 이민을 떠났다. 그러나 사람마다 살아가는 방식이 달라서일까, 현지 적응이 어려워 막내아들만 남겨두고 다시 귀국하는 어려움도 있었다.

귀국하기 훨씬 전 세계 제일의 이과수폭포를 구경시켜 주겠다며 우리 부부를 초청했지만 워낙 먼 곳이라 갈 수가 없었다. 부에노스아이레스에 살면서 바다 낚시도 자주 가고 재미있는 일도 많다고 했는데 그래도 그 친구에게는 우리나라가 좋은지 귀국하고 말았다. 귀국하기 전 막내는 현지에서 결혼시켜 그곳에 남겨두고 왔는데 이제는 현지인이 되어 잘 살고 있다.

큰아들은 귀국 후 대기업 파견직원으로 인도네시아에 갔다가 현지에서 자기 사업을 시작, 성공해서 지금은 직원 수백 명을 거느리는 중견 기업인이 되었고 둘째 아들은 미국으로 가서 열심히 공부해 박사학위도 받고 유명 대학교수가 되어 잘살고 있다. 독실한 이들 가정에 주님의 은총이 있어 모두가 행복하게 잘살고 있다고 생각했다.

그러나 우리 옛말에 호사다마라고 했던가. 십 년 전 큰아들 집인 인도네시아에서 부부가 함께 살면서 골프장이나 다니고 부러울 것 없이 파란 신호등만을 보면서 가는 행로에 주님의 부르심을 받았다. 신심이 두터운 친구가 주님의 옆에서 일해야 하는 임무를 맡았으리라.

건강하던 친구가 갑자기 당한 일이라 가족들은 크게 당황했다. 심장마비라고 진단이 나왔다. 친한 친구도 그 누구도 만나면 헤어지는 것이 만고불변의 철칙이요 한 줌 재가 되어 유골함에 담겨 만날 수밖에 없었다. 모든 생물은 생이 있으면 사가 있는 법, 사람이라고 다를 수 있겠는가. 만나면 언젠가는 헤어져야 하는 것이 인생이지만 친한 친구와의 이별은 감당키 힘들었다. 많은 눈물을 흘리고서야 정신을 차렸다.

인도네시아에서 성공한 큰아들은 일찍 자녀를 둬서 아들딸 남매가 연세대에 들어가 공부하고 있다. 서울에 집을 사서 친구 부인인 할머니가 아이들 뒷바라지를 하고 있다. 아이들이 서울에서 공부를 하고 있으니까 친구의 아들도 서울에 자주 오는 편인데 아버지의 친한 친구라고 나를 만나러 올 때는 반갑기도 하지만 바쁜 일정을 알고 있는 터라 미안한 마음이 앞섰다.

아내는 친구 부인과 만나는 것을 아주 좋아했다. 자식들이 여러 나라에 흩어져 있어 일 년에 한 번씩이라도 한 바퀴 돌아야 하니

까 국내에 있는 시간이 많지 않다. 자주 만날 수는 없고 오랜만에 한 번씩 만나면 두 사람이 가관이었다.

만날 것을 생각하면 가슴이 설레어 잠을 설쳤다고 두 사람 뜻이 같았다고 했다.

안식구들의 정이 그 정도였으니 우리의 친분이 어떠했겠는가. 친구의 살아생전 함께한 세월이 생각난다. 사막의 대상들이 오아시스를 찾아가는 도중 나타났다 사라지기를 반복하는 신기루처럼 지난날 함께 다녔던 세월이 머릿속을 스쳐 지나간다.

강촌 구곡폭포를 부부 동반으로 함께 갔던 생각을 하면 살아있는 듯하다. 우리가 다니던 그때는 취사도구를 가져가서 식사를 해결하던 생각을 하면 정말 옛날 얘기다. 지금은 그런 것은 금지된 지 오래됐고 입장권도 사야 출입이 되는 모양이니 환경 훼손이 염려되기 때문일 거라 생각된다.

한탄강변 모래사장에서 달리기 시합하던 일을 생각하면 꿈속 얘기 같다. 그때 그 친구들 절반 가까이가 딴 세상 사람들이니 지금도 꽤나 오래 산 느낌이다. 친구들은 하나둘 세상을 떠나고 나는 내 길을 가고 있다. 먼저 가는 자가 있으면 뒤에 가는 자가 있는 것이고 왔으면 가는 것은 만고불변 정해진 것 아닌가.

기왕이면 살아있는 동안, 가족들에게만이라도 가치 있는 삶이 되었으면 좋겠다, 생각을 하지만 그것도 쉬운 일이 아니고 부담스러운 삶만이라도 아니었으면 하는 생각을 한다.

30여 년 전 사진을 앞에 두고 40여 년을 거슬러 생각해 보는 시간이었다.

반세기를 돌려 본다

하늘이 청명해서인가 반세기 전이 어제처럼 선명하다. 생애 처음으로 마당이 있는 한옥을 마련하여 따뜻한 햇볕을 받을 수 있던 그때가 어쩌면 사람 사는 맛을 느끼기 시작한 파릇파릇 새싹이 돋아나는 인생 봄이었던 것 같다.

젊은이들이 도시로의 진출을 꿈꾸던 60년대의 농촌은 참으로 힘든 시절이었다. 개척의 길은 도시로의 진출뿐이었다. 당시의 젊은이들은 문맹자가 많던 시절이어서 도시로 무작정 진출을 해도 바닥 인생으로 살아야 했다. 그들의 일부는 지금도 7, 80대의 문맹 노인이 되어 한글 공부를 하며 참으로 아픈 과거를 안고 살아가고 있다.

용기 있는 젊은이들이 먼저 농촌을 떠났다. 우후죽순 생겨나던 공장들에 말단 직공이지만 들어갈 수만 있다면 행운으로 생각하고 열악한 환경에도 열심히 일을 했다. 열심히 노력한 결과는 일부는 작지만 자기 사업장을 마련하여 성공하는 사람도 생겨나고 일부는 높은 직급으로 올라 성공하는 사람도 가끔은 볼 수 있는 희망찬 세상으로 변해가고 있었다.

여자들의 농촌 탈출은 더욱 어려웠지만 그들도 용감하게 탈출 대열에 합류했다. 그렇지만 그들은 슬프고 아픈 과거를 남겨 놓았다. 열악한 환경의 의류공장에서 바닥부터 기술자가 되기까지 피눈물 나는 세월을 살아야만 했다. 이 일은 대를 이어 지금까지 환경은 많이 개선되었지만 이어지고 있는 것을 보면 그래도 가장 희망 있는 직종이었는지도 모를 일이다.

가출 여성들을 가장 많이 흡수한 직종이 방직공장이다. 목화를 수입, 실을 뽑는 공정부터 원단을 짜는 직조공장까지 대단위 공장에서 일하는 여공들의 숫자는 그야말로 엄청났다. 광목부터 짜기 시작한 직조공장이 고급 원단을 짜는 공장으로 발전하는 과정에서 어린 여성들의 공로가 대단했다. 열악한 환경에서 이 나라의 경제 발전의 일등공신은 바로 이들이었던 것이다.

그 시절 많은 미성년 여성들이 못 배워 무지해도 건강 하나만 믿고 농촌을 탈출했지만 도시에서 그들이 갈 곳이 많지 않았다. 소규모 공장도 많았지만 아는 사람이 있어야만 들어갈 수가 있었고 가장 쉬운 방법은 가정집 식모로 들어가는 일이어서 그 수효도 적지 않았던 것 같다.

그 시절 농촌에서부터 새마을운동이 펼쳐지면서 잘살아보겠다고 힘을 기울였지만 젊은이들의 농촌 탈출을 막을 수는 없었다. 물밀듯이 밀려드는 서구 문물에 우리의 미풍양속도 잊어버리고 도시를 동경하는 젊은이들을 아무도 막을 수가 없었다. 그 시절 유행가가 슬쩍 머리를 스친다. "앵두나무 우물가에…"

가정집 식모살이를 해도 불평불만이 없었다. 희망 없는 농촌을 탈출할 수 있는 것만 해도 다행으로 생각할 정도였으니 당시의 농촌 젊은이들의 도시로의 탈출 꿈이 얼마나 절실했는지를 당사자들이 아니고서는 짐작조차 어려웠다.

도시로의 탈출 꿈에 나도 동참했다. 나는 행운아였다. 인척의 도움이 있어 큰 어려움 없이 농촌을 탈출했고 10여 년이 지난 뒤에는 꿈에 그리던 햇살을 받을 수 있는 마당이 있는 아담한 한옥을 마련, 어머니 모시고 가족이 오순도순 살 수가 있었으니 꿈이 현실이 된 그때를 잊을 수가 없다.

바로 성 밖 동대문을 경계한 창신동은 잊을 수 없는 곳이다. 동대문에서 뚝섬까지 다니던 기동차가 지금은 없어진 지 가물가물하지만 서민들의 발이 되어준 기동차가 그립기만 하다. 기동차의 시발점인 동대문 옆 골목을 기동차시장이라 했다. 이 골목에 허름한 판잣집을 가게로 얻어 옷가게를 하면서 두 딸과 큰아들을 얻은 꿈 같은 골목이다.

비가 오면 안방 천장에서 빗물이 흘러 양동이에 빗물을 받아내는 열악한 환경이었지만 서울 생활 여러 해 동안 공중화장실을 사용했는데 처음으로 단독 화장실을 사용할 수 있는 것은 편리하고 편안했다. 안방 뒤편에 10여 평의 빈 공간이 있어 겨울이면 가운데

난로를 피워 놓고 횡편기 3대를 설치, 스웨터공장을 운영하면서 새로운 앞길을 개척하려 노력했지만 결과는 평년작에 그쳤다.

서울 생활이 10년이 가까워지면서 어떻게든 앞날을 개척해야만 했다. 식생활 해결만으로는 불안하기만 했다. 가게는 아내에게 전적으로 맡기고 무슨 일이든 해야만 했다. 허술한 판잣집이지만 2층 방이 하나 있었다. 그곳에 미싱을 차려 놓고 아동복을 만들기 시작했다. 힘난한 작업을 시작한 것이다.

나름 준비는 많이 했다. 의류 재단사를 사귀어 재단에 대한 기초 지식을 배우고 처음 작업의 샘플을 놓고 재단 본을 만들고 재단에 대한 기본 도구도 갖추어 첫 작업은 만드는 것을 옆에서 보면서 실습을 대신했다. 참으로 어렵고 앞이 캄캄했지만 꼭 성공해야겠다는 각오로 참고 일을 하던 당시를 생각하면 지금도 오금이 저리다.

농촌 탈출은 그런대로 쉬웠지만 어깨에 짊어진 무거운 짐은 갈수록 무거워지고 좀처럼 벗기가 쉽지 않았다. 식구는 늘어 가는데 수입은 제자리걸음이니 걱정일 수밖에…. 넘어지기라도 하면 손을 잡아줄 사람도 기댈 언덕도 없었으니 함부로 움직일 수도 없는 몸이었다.

정말 힘들고 어려운 몇 년을 보내고 도매시장 입점의 기회가 왔다. 공장으로 사용하던 평화시장 2, 3층을 점포화 하는 작업으로 활성화된 1층 시장의 두 배가 넘는 점포 수효로 저렴하게 입점할 수가 있어 준비가 제대로 안 된 상태지만 입점을 했다. 가게 문은 열었지만 상품 준비가 문제였다. 2층 방에서 만들던 제품 경험이 큰 도움이 되긴 했다.

그렇게도 기다리던 도매시장 입점이었지만 앞은 짙은 안개로 갈 길을 찾기가 쉽지 않았다. 세상에 쉬운 일은 없다고 했지만 너무 힘들었다. 평소에 준비한 대로 열심히 길을 찾았다. 첫 작품은 실패하여 땡처리하는 아픔을 겪었다. 두 번째 작품이 길을 열어주었다. 큰 기대도 못한 제품이 하늘 높이 훨훨 날았다. 나도 하늘을 나는 기분이었다.

새로 마련한 한옥에서의 생활은 10여 년의 힘든 생활에서 벗어나 안정된 생활의 시작이었다. 막내아들이 태어났다. 자라면서 잔병치레가 심해 동네 의원의 반갑지 않은 단골이 되었다. 장수의원은 일반내과의원이지만 원장님은 잊을 수 없는 명의였던 것 같다. 주사 한 번으로 감기와 몸살은 치료가 되었으니 의사선생님을 지금도 뵙고 싶다.

어린아이들은 병원에만 가도 울고 더구나 주사를 맞는 것은 무서워하는 것이 보통이었는데 우리 막내는 주사를 맞아도 울지 않는다고 원장님이 장군이라고 했다. 한 달이 멀다 하고 병원을 찾았지만 장군이 왔다고 반겨 주시던 원장님 덕분에 유아기를 무사히 넘기고 유치원을 다니면서부터는 원장님과의 거리가 멀어졌었는데 막내가 지천명의 나이가 되었다.

세월이 흘러 반세기가 지나고 보니 명의였던 장수의원 원장님이 그리워진다. 지금쯤은 천국에서 어린아이들을 사랑하며 치료하고 계실 것을 생각하니 명의로서의 그리움이 더해진다.

임의 궁 예방

4월 말 무렵이다. 집을 궁이라 했으니 당연히 방문 아닌 예방이다. 주변이 온통 화려한 꽃 세상이다. 지난 일 년 동안 주변을 정리한다고 참배객들의 접근을 막아 오랜만에 찾아온 임의 궁 모습이다.

서로가 예쁘게 치장을 한다고 경쟁적으로 단장을 하다 보니 전체적으로 조화롭지 못하고 보기 불편한 곳도 있었는데 깨끗이 정리를 해 놓으니 맑은 공기가 순조롭게 소통하면서 시원한 느낌이 들어 극락의 자리를 잡은 듯하다.

지금까지 조화로 단장을 하다 보니 해마다 한 번씩은 새 꽃을 준비하여 또 다른 모습으로 치장을 했었는데 이제는 생화로 마음의 표시를 하면 관리자가 며칠 내로 깨끗이 치워주니 궁 전체가 정갈하고 깨끗하여 새로운 세상이다.

플라스틱이 개발되면서 우리 생활이 급격히 편리해졌지만 플라스틱 만능이 되면서 썩지 않는 플라스틱의 폐해로 전 지구촌이 걱정하는 시대가 되어 플라스틱 줄이기에 나서고 있지만 쉽지만은 않은 세상이다.

　우리 주변을 아름답게 가꾼다고 개발한 조화부터 일회용 컵까지 모두가 플라스틱으로 만들고 있어 사용을 금지하기에 이르렀지만 매일 사용하는 일회용 봉투에서 물티슈까지 플라스틱 제품이니 잘게 부서져도 썩지 않는 특성 때문에 바다까지 흘러들어 물고기들이 먹고 죽기도 하고 물고기를 사람이 먹고 해를 입는 경우가 생겨 크게 놀라고 있는 실정이다.

　플라스틱 제품 추방운동에 앞장선 관리소 측의 결단에 경의를 표한다. 새로운 결정에 앞장서는 것은 반대자들도 있을 법한 일이고 설득도 쉽지 않았을 것이다. 설치한 제품들을 철거하고 깨끗하게 정리하는 비용도 만만치 않았을 텐데 별 무리 없이 잘 처리해 준 공원 측에 감사할 뿐이다.

　딸들과 막내아들을 동반하고 예방키로 한 전날부터 얼마나 변했을까 궁금하기도 했고 오래 찾지 못한 미안함이 교차해 아침 일찍 출발했었다. 현장에 차를 세우고 내리니 주변이 화려한 꽃동산이다.

　불교에서 말하는 극락세계의 일부를 보는 것 같아 경탄이 절로 난다. 침엽수와 활엽수들의 푸른 잎들이 저마다 조금씩 다른 색으로 단장을 하고, 아름다운 꽃나무들과 조화롭게 배치를 해 놓았다. 천하를 호령하던 제왕 시절의 어느 궁궐이 이보다 더 화려했을까, 더 이상 할 말이 없다.

　깨끗이 정돈된 현장에 자리를 깔고 앉으니 맑고 시원한 바람이 반갑게 맞아준다. 생과 사의 경계가 분명한데도 한 자리에 함께하고 보니 좋은 시절 즐거웠던 일만 생각하고 싶어진다. 이별의 초기에는 슬픔 속에 몸을 가누기도 어려웠지만 흘러가는 세월 속에 슬픔도 아픔도 조금씩 치유되면서 현실로 받아들여 경건한 마음으로 과거를 회고하는 자리가 될 수 있었던 것 같다.

플라스틱이 재료가 된 조화는 기술이 발전하면서 만져 봐도 생화와 구별하기 어려울 만큼 고급화했지만 생태계를 파괴하고 인간에게 직접 피해가 된다 하여 사용량을 줄일 수 있는 데까지 줄이려 노력하고 있다. 대신 아름답게 꾸며놓은 추모의 궁이 생화 천지로 바뀌어 향기가 방문객을 맞이하고 있다.

궁에 들어와 자리를 깔고 아내 앞에 둘러앉았다. 아내가 좋아하던 따끈한 커피를 올리고 우리도 한 잔씩 나눈다. 구수한 커피향이 궁 안에 퍼진다. 추모의 궁을 살펴보니 창경궁보다 넓은 면적에 비원 못지않은 비경이 전각들의 배치를 보는 듯 각각의 집들이 깨끗하여 방문객들의 마음에 안정을 준다.

주변이 온통 진초록으로 변해 간다. 수목의 종류에 따라 자연스럽게 변해 가는 주위 환경이 추모의 궁을 예방하는 방문객들의 마음을 어루만져준다. 부족했던 과거를 채워주는 환경에 안도를 하면서 영원한 극락을 염원한다.

지난 세월을 거슬러 생각한다. 손잡고 산책하던 그 길이 보인다. 정기적으로 다니던 한 시간 코스가 아스라이 멀어져가다, 아는 사람이 보면 부끄럽다고 잡은 손을 놓던 그 겸손함, 생각할수록 더 가까이 다가온다. 한 생을 살면서 남을 먼저 배려하던 지난날이 어제인 듯하여 자꾸만 뒤를 돌아보게 된다.

마트를 좋아하던 당신, 지금은 무엇을 좋아하고 어떤 일을 즐기고 있을까. 마트에 가면 나는 카트를 끌고 당신 뒤를 따르면 필요한 물건을 골라 담던 당신 모습이 자꾸만 그때로 나를 데려가는데 지금은 내가 상상 못 하는 새 세상이 있는지 짐작조차 안 된다.

잘 조성된 숲이 우거졌다. 숲이 우거지면 각종 새들이 둥지를 틀고 아름다운 다람쥐들도 있을 법한데 쉽게 눈에 띄지를 않고 새소리가 요란스러울 법도 한데 조용하기만 하다. 앞으로 더워지면 매미 소리가 귀를 즐겁게 해줄까. 조용한 초저녁이 되면 풀벌레 소리는 아름다울까.

평생 사찰을 찾아 부처님의 말씀을 실천하려 노력했던 당신의 모습이 부처님 오신 날을 봉축하는 계절이 오니 더욱 가까이 다가온다. 관광지마다 있는 사찰 대웅전 부처님 앞에는 가족의 안녕을 기원하는 당신의 공력을 볼 수 있었기에 오늘의 가족 화목이 당신의 음덕이라고 생각하니 그립기만 하다.

파란 하늘 흘러가는 구름이 평화롭기만 하다. 하늘을 날고 있는 철새 몇 마리 이곳이 어디인지 알고 지나갈까. 근심 걱정도 모르고 부귀영화도 생로 병고도 없는 영면의 세상, 바로 이곳이 극락이요 천국이 아닌가 싶다.

4

하늘과 바람과 별과 함께

달을 보면서

달을 신성시하면서 살아온 수많은 세월. 달은 서민들 마음의 기둥이었다. 세상을 밝히는 달은 모르는 것이 없어 소식 없는 가족의 안부도 알려줄 수도 있고 사람이 원하는 것을 무엇이든 할 수 있는 영험 있는 대상이었다.

종교를 갖지 않은 우리들의 어머니들이 믿음의 대상으로 살아오는 동안 달 밝은 밤에 정갈한 장독대에 깨끗한 그릇 찬물 한 사발 떠 놓고 가족의 어려움이 있으면 해결해 주십사 하고 기도하는 모습을 쉽게 볼 수 있었다.

할머니의 할머니로부터 대를 이어 배운 살아가는 방법이었다. 내 어머니가 달밤에 기도하는 모습, 어머니의 기도문은 언제나 이 아들을 위한 간절함으로 달님은 언제나 어머니의 기도를 들어 주신 것만 같다.

특히 음력 2월 한 달은 하루도 빠짐없이 아침 일찍 찬물 한 사발 정갈하게 떠 놓고 정성을 기울이는 모습은 감동하지 않을 수 없는 오랜 세월의 간절함이었다. 어린 시절부터 보아온 모습은 커 가면서 자식을 위한 애절함을 미신이라고 할 수가 없었다.

어머니의 기도와 정성은 어머니를 지탱하는 절실한 종교였던 것 같다. 달 밝은 밤이면 달을 보면서 계속 절을 하고 손으로는 빌면서 하나뿐인 아들이 무탈하게 성장하기를 노심초사하는 모습 그 간절함이 하늘에 닿아 큰 탈 없이 성장하지 않았나 싶을 때는 달을 보는 내 마음도 남달랐던 것 같다.

달은 나에게도 특별한 감정을 갖게 하는 믿음의 상징이 될 때도 있었다. 유리창 하나가 안과 밖의 경계선인 아파트 생활을 하면서 늦은 밤, 잠이 깼을 때 세상은 고요하고 휘영청 달이 밝으면 하늘 나라에 간 임께서 창문 밖까지 와서 나의 안녕을 지켜봤을 것만 같아 잠을 이루지 못하고 뒤척이던 날이 한두 번이 아니었다. 길잡이가 되었을 달을 오래도록 지켜보는 밤도 있었다.

우주과학과 천체 연구가 활발해지면서 달의 신비가 훼손된 것이 못내 아쉽다. 인공위성을 통해 달에 사람이 착륙하면서 실체가 속속 밝혀지고 있다. 계수나무 아래서 토끼가 떡방아를 찧던 아름답던 상상이 무너지는 현실은 달의 신성시가 사라지는 것일까.

하루가 다르게 세상이 바뀌어 간다. 시골 동네마다 있던 당산나무도 당집도 개발이라는 이름 앞에는 자리를 내줄 수밖에 없는 시대가 되었다. 옛날에는 서낭당은 금기의 장소였다. 마을을 지키는 수호신이었으니 지날 때는 돌 하나라도 얹어 두고 가야지 훼손이란 바로 재앙을 불러온다고 생각했으니 어느 누가 감히 손을 댈 수 있었겠는가.

 절대 절명의 규칙 아닌 규칙도 개발이란 이름 앞에는 주저앉고 말았다. 울긋불긋한 깃발을 꽂아 놓은 당집을 지날 때는 무서워서 피해 갔지만 서낭당을 지날 때는 작은 돌이라도 주워 고이 얹어 놓고 지나갔던 옛날이 어제 같다.

 중병에 걸리면 무당이 굿을 하던 시대는 지나갔지만 서민 대중의 생활 속에 깊숙이 자리 잡았던 민속신앙은 보존가치를 인정받아 당집이나 서낭당 같은 곳이 혐오 대상이 아닌 민속 문화재가 되는 세상으로 변해간다.

 종교가 다양화하는 세상이 되면서 새로운 교단, 새로운 종교가 시끄러워지기도 한다. 기독교 계열에도 수많은 신도를 거느리면서도 사회적 물의를 일으켜 사이비라는 비난을 받고 몰락하기도 하고 중동의 이슬람이 들어와 주택가에 교당 건설을 하면서 주민들과의 마찰로 공사가 중단되는 아픔도 겪고 있다.

 달을 신성시하던 시대는 지나갔지만 과학적으로 더욱 중요한 시대로 접어들고 있다. 선진 각국이 각축을 벌이면서 달 연구에 심혈을 쏟는 나라가 한둘이 아니다. 여기에 우리나라도 참여하면서 달의 중요성이 옛날과 또 다른 방향으로 달을 바라보게 되었다.

 보름달은 예나 지금이나 쳐다보기만 해도 가슴 벅차고 속이 후련하다. 옅은 구름이 달 앞을 지나가면 달이 가는 것으로 착각을 하는 것도 재미있는 일이다. 달의 신비가 조금씩 벗겨지긴 해도 역시 달은 신비롭다. 지구에 없는 그 무엇이 있을 것만 같다.

　지구에 없는 광물을 찾는 연구를 먼저 한다니 가능성이 있는 것 같다. 많은 시간과 노력이 필요하겠지만 성공을 한다면 달의 위상이 완전히 달라져 옛날의 신적 신앙의 대상이었던 때보다 더 가까이 우리 곁에 다가오지 않을까 싶다.

　달은 역시 신비의 대상이다. 보름달은 예나 지금이나 한결같이 지구촌을 밝힐 것이고 내일도 변함없을 것이다. 일식도 월식도 달로 해서 생긴 현상이어서 전 세계가 환호하고 있다. 달이 해를 완전히 가리는 일식이 미국에서 벌어져 밝은 대낮에 4, 5분간 깜깜한 나라였다니 얼마나 신기했겠는가.

　지구의 그림자가 달의 일부를 가리는 부분 월식도 가끔 있으면 참으로 신기한데 우리나라에서도 부분 일식이나 부분 월식은 십여 년이면 한 번씩 나타나는 현상이다. 천체를 연구하는 과학기술의 발전으로 신성시하던 꿈나라가 사라지는 세상이 되어 이번 달 보름달은 어떤 마음으로 마중을 하게 될까.

　물도 없고 공기도 없는 달에 사람이 살 수 있는 시대가 올 수 있을까. 손자의 손자 시대쯤에는 그런 세상이 가능할까. 달보다 멀리 있는 화성에까지 사람이 갈 수 있는 연구를 한다니 내일을 알 수 없는 세상이 되어 간다. 달에게 소원 성취를 빌던 시대가 어제 같은데 오늘 달나라에 사람이 살 수 있는 연구를 하고 있으니 달을 보는 내 마음이 착잡하기만 하다.

요즘 눈이 호강한다

지루하던 더위가 한 걸음 물러서니 하늘이 높고 파랗다. 아침 여섯 시 산책 시간이다. 집 근처 체육공원이 생기면서 도로까지 새로 개설되어 깨끗한 산책로가 주민들의 건강 지킴이가 되고 있다. 겨울 철새인 오리들이 성질도 급하게 떼 지어 날아와 하늘을 빙빙 돌기도 하다가 조그만 개천에서 목욕을 한다.

체육공원 맞은편 도로변에 도로를 개설하면서 자투리 시유지가 300여 미터에 몇백 평이 생겨 시에서 관리하고 있다. 봄에 메밀을 심었을 때는 메밀꽃이 하얗게 집단으로 피어 여기가 봉평이 아닌가 착각할 정도로 아름답기도 했고 메밀 수확이 끝나고 나면 무를 심어 자라는 모습을 보는 재미도 쏠쏠했다.

가을무는 김장 재료인가 생각했었는데 철이 되기 전에 모두 수확하는 것을 보니 가축 사료용으로 심었던 것 같다. 자투리땅이 무엇을 심든 제몫을 단단히 하는 것 같다. 어느 해는 우리 밀을 심어 농사가 쏠쏠했었는데 뒤처리는 알 길이 없어 혼자서 상상을 해보는 것도 재미있는 일이었다.

 밀 농사는 추수가 끝나면 제분공장으로 가서 밀가루로 변신을 하면 맛난 빵이 되기도 하고 국수도 되고 우리 집에서 수제비가 되어 밥상에 올라 가족이 즐길 수도 있다고 생각하니 얼마 안 되는 밀이지만 그 일부가 우리 집에 올 수도 있는 재미있는 일이라고 생각된다.

 아침 산책길은 눈이 호강을 한다. 농지가 있어 농작물이 자라는 모습에서 꽃피고 열매 맺는 과정을 지켜볼 수 있어 텃밭이라도 가꾸는 기쁨을 맛보고 있다. 고추 농사에서 갖가지 채소며 감자 고구마 등 뿌리채소까지 골고루 볼 수 있어 힘들이지 않고 농사를 짓는 기분이다. 가지며 오이가 하루가 다르게 자라는 모습은 신비스럽기만 하다.

 고추는 하얀 꽃이 피면 어느 사이 어린 열매가 되고 하루가 다르게 자라 손가락만큼 커지면 붉은 옷을 입는 모습은 참으로 경이롭다. 모내기 하던 때가 엊그제 같은데 누렇게 익은 실한 벼가 고개를 숙이고 있는 모습과 다르지 않다. 농부들의 땀의 결실이 수확의 기쁨으로 채워지고 있다.

 봄이면 길가에 지천으로 피어 있는 민들레꽃이 노랗게 웃고 있어 보는 사람들도 미소를 잃지 않고 봄을 즐긴다. 흰 꽃이 피는 토종 민들레는 구경하기 힘들 만큼 귀한 존재가 되었고 외래종인 노란 꽃이 피는 민들레가 번식도 잘 되고 생명력이 강해서 어디에서나 볼 수 있는 종이 되었다.

외래종 민들레는 꽃이 예뻐 지천으로 있어도 예쁘기만 하다. 생명력이 강해 언덕배기 돌 틈에도 보도블록 틈새에서도 꽃을 피우는 대단한 종이다. 그뿐이 아니다. 쓴맛을 좋아하는 사람들의 김치 재료로 한몫을 한다. 씀바귀와 고들빼기와 함께 김치 재료가 되어 밭에서 재배하는 귀중한 대접까지 받고 있다.

아직은 겨울 철새가 찾아오기에는 이른 시기인데도 성질 급한 오리들이 떼 지어 날아와 힘찬 날갯짓을 하는 것을 보면 그 힘이 대단해 보인다. 멀고 먼 여행길이 즐겁기만 해 보인다. 우리나라 겨울이 따뜻하다고 찾아오는 겨울 철새들이 있는가 하면 우리나라가 추워서 못 살겠다고 남쪽 나라로 가는 철새들도 있으니 여행의 재미로 살기에는 여정이 너무 멀어 안타깝기도 하다.

요즘 내 눈을 호강시키는 특별한 꽃이 코스모스다. 국화와 함께 가을을 장식하는 대표적인 꽃이지만 대도시에서는 쉽게 볼 수 없는 꽃이다. 시골에서는 길가에 아름답게 조성해 놓은 꽃길이 여기저기 흔하지만 대도시에서는 땅값이 금값이어서 도로변에 꽃길 조성이 쉽지 않아 꽃길은 언감생심이다.

하지만 우리 동네 새로 생긴 도로변 자투리 시유지에 올해에는 자랑스럽고 고맙게도 코스모스가 새 세상을 만나 춤을 추고 있다. 아침 산책 시간이 기다려지고 오늘은 어제와 어떻게 다를까 상상해보는 것도 즐거움이다.

하나둘 피기 시작하던 꽃이 경쟁하듯 꽃대가 쑥쑥 올라와 솔바람에도 흔들리는 모습은 보는 내 마음을 흔들고 있다. 흰색 분홍색

새빨간 꽃까지 밭을 장식하고 흔들리는 모습은 나를 옛날로 데리고 간다.

지방 중소도시에서도 도심만 벗어나면 꽃길이 잘 조성되어 있는 곳이 많다. 코스모스 꽃길을 잊을 수가 없다. 군집으로 피어 있어야 아름다움이 배가 되는 꽃이 코스모스다. 가는 꽃대가 길게 올라와 하늘거리는 모습은 몸매가 날씬한 아름다운 여성상이다.

약한 솔바람이 일면 가볍게 안고 부드럽게 움직이는 블루스 춤을 추는 것 같아 우아함이 꽃의 매력을 더하고 센 바람이 불면 꽃대가 넘어졌다 일어서기를 반복하는 모습은 아르헨티나의 탱고 춤을 추는 것만 같다. 격렬한 탱고 춤을 꽃밭에서 감상하는 이 아름다움을 어디에 비교할까.

코스모스는 아무 곳에나 피는 잡초와는 달리 조금은 까다로운 양반 꽃이다. 종류도 다양하지 않고 몇 가지 색으로 아름다움을 유지할 뿐 가을 한철 가녀린 몸매에 꽃잎도 활짝 벌려 지나는 길손들에게 다소곳이 인사할 줄 아는 착한 여학생 모습을 연상하게 한다.

아름다운 꽃밭에 안타깝게도 벌 나비가 보이지 않는다. 한때는 농약 과용으로 곤충들의 피해가 극심하다고 했었는데 친환경 농약을 사용하는 지금도 곤충들은 자꾸만 개체수가 줄어들고 있어 장래가 걱정된다. 근본 원인은 지구온난화가 아닌가 의심을 한다니 아름다운 꽃마저 못 볼까 우려스럽다.

밭에 심어진 코스모스는 쉽게 볼 수가 없다. 농작물 대접을 받는 코스모스가 우리 동네라서 자랑스럽다. 바람이 스치고 간 코스모스는 더욱 아름답다. 심어진 꽃이 아직 절반도 피지 않아서인가, 하루가 다르게 많은 꽃대가 올라오고 있다. 꽃들도 경쟁을 하는 것일까. 어제보다 오늘은 더 많은 꽃이 아름다움을 자랑하고 있다.

높고 푸른 가을 하늘 아래 아름다움을 뽐내는 꽃들이 하늘거리는 모습은 연인들이 손잡고 산책하는 덕수궁 돌담길을 옮겨 놓은 듯, 대학로 거리를 지나가는 듯, 보는 내 눈이 즐겁기만 하다. 눈이 즐거우니 향 또한 따라온다. 코스모스 꽃밭에서 진한 라일락 향을 느끼는 것은 웬일일까. 내일은 더 많은 꽃이 나를 흥분시킬 것만 같다. 코스모스 브라보!

식물들의 살상

움직임이 자유롭지 못한 식물 세계에 살상이 있는 것을 보고 신기한 생각이 들었다. 살상은 당연히 동물 세계에만 있는 것인 줄 알았는데 식물들도 살상이 아니더라도 경쟁도 있고 생명이 있는 존재이기에 앞서려는 다툼도 자세히 관찰을 하면 쉽게 보인다.

식물은 햇볕과 물과 온도만 맞으면 잘 살아간다. 삼박자 중에 햇볕이 가장 중요해서 그 경쟁이 치열하다. 경쟁하는 모습이 사람의 눈에도 쉽게 보인다. 경쟁에서 밀리면 도태되는 것이 식물의 세계에서도 마찬가지다.

식물은 스스로의 힘으로 장소를 옮길 수는 없지만 키와 가지를 키워 넓은 면적을 차지하기도 하고 종류에 따라서는 사람의 손이 닿으면 바짝 웅크리는 종도 있다. 어떤 종은 아름다운 꽃을 피워 벌과 나비를 유인한 뒤 꿀을 먹으러 오는 기회를 포착, 꽃을 오므려 잡아먹는 특수한 경우도 있다 하니 신기하기도 하다.

식물 중 대표적인 살상종이 칡이다. 칡은 다년생으로 우리나라 모든 산에서 쉽게 볼 수 있는 덩굴식물이다. 칡은 그 뿌리가 한의에서 갈근이라 하여 약용으로 사용하고 있으며 민간에서는 칡즙이나 차로 사용하여 널리 애용되고 있기도 하다. 흉년에는 식용으로 사용되기도 했다 하니 용도가 다양하다.

칡은 식물 중 몇 안 되는 암수종이 있는 식물이기도 하다. 약초꾼이 칡을 캐다가 암 칡이라며 좋아하는 모습을 보면서 암수 구분은 어떻게 하는 것인지 궁금하기만 했다. 암수 구분이 대표적인 은행나무는 은행 열매가 달리는 나무가 암나무라는 것쯤은 누구나 쉽게 알 수 있지만 칡은 어렵다.

칡은 다년생답게 그 뿌리가 어른 다리만큼이나 굵은 것을 보면서 뿌리가 그처럼 크면 줄기가 왕성하여 주변 나무를 감고 올라가 10여 미터 이상 되는 큰 나무도 고사시키는 무서운 살상자가 되는 덩굴식물이지만 누구도 칡덩굴을 잘라 죽어가는 나무를 살리려는 사람은 보지 못했고 뿌리를 캐는 약초꾼들만이 은연중 죽어가는 나무를 살리는 선행을 베풀기도 한다.

칡 다음으로 살상 식물이 일년생 가시박이다. 가시박은 외래종으로 수입 물품에 붙어 몰래 숨어들어 온 밀입국한 도둑종이다. 일년생이지만 번식력이 상상을 초월해 오래지 않아 전국 들판을 점령했다. 칡과 같은 덩굴식물이지만 일년생이어서 번식력과 침투력은 대단하지만 높은 나무까지는 가지 못하고 2, 3미터 정도는 무난히 감고 올라가 무참히 고사시킨다.

번식력이 강한 아카시아도 당년에 2, 3미터는 자라지만 가시박이 옆에 있으면 감고 올라가 고사시키는 것을 보면 가시박의 위력이 놀랍기만 하다. 2, 3미터 자란 아카시아를 사다리 삼아 더 높은 나무에까지 올라가 칭칭 감고 기세등등 위세를 떨치는 것을 볼 때면 놀라움을 넘어 걱정이 앞선다.

동네에서 20여 분 거리에 있는 공원까지 다니는 길은 건강을 위한 특별한 코스다. 이 길을 다니면서 매일 만나는 대로변 가로수들은 봄에 파릇한 잎부터 가을 단풍철까지 나의 정신을 맑게 해주는 건강 지킴이이기도 하다.

가로수들은 근래 유행처럼 흔한 이팝나무다. 여름철 꽃이 만개할 때면 흰 쌀밥이 연상될 만큼 아름답고 풍성한 모습은 옛날 이밥(쌀밥의 방언)이 연상되어 이팝나무가 된 것만 같다. 밥알만 한 꽃들이 송이가 되어 피어 있는 모습은 아름답기 그만이다. 희고 깨끗한 것을 좋아하는 민족성과도 닮은 꽃이다.

지난해에는 이팝나무 가로수에 가시박이 공격을 했다. 3미터가량 자란 아카시아가 사다리 역할을 한 것이다. 거의 매일 다니는 산책 코스에서 가시박의 공격을 받는 이팝나무를 볼 때마다 조마조마했다. 어디까지 올라갈까 궁금하면서도 하루가 다르게 뻗어가는 가시박 줄기를 보면서 몰래 들어온 가시박을 퇴치할 방법은 없는 것일까 혼자서 고민만 했다.

가시박의 위력은 대단하다. 아카시아의 성장성도 무시할 수 없는데 칭칭 감고 올라가더니 나무 전체를 휘감아 아카시아는 어느날부터 보이지 않고 그저 사다리가 되어있을 뿐이다. 그 지점을 지나갈 때면 눈은 저절로 그 지점에 고정된다. 백해무익한 가시박을 퇴치할 적기를 놓친 것 같아 안타깝기만 하다.

어느 날 드디어 가시박이 이팝나무에 도달했다. 하루가 다르게 신나게 덮치는 것 같아 마음이 불편했지만 이팝나무를 구조할 방법이 없었다. 올라가는 가시박 줄기를 잘라야 하는데 풀이 우거진 곳이어서 뱀이 있을까 두려워서 그곳에 갈 수가 없었다.

겨울이 되어 일년생인 가시박의 수명이 다했을 때는 이팝나무의 한쪽 가지가 고사하는 안타까운 모습으로 나의 마음을 아프게 했다. 여름철 아름답게 피었던 꽃의 모습은 어디로 가고 앙상한 가지만이 지독한 공격의 흔적으로 불구가 되어 지나가는 나에게 공격을 막아주지 못한 것을 원망하는 것만 같다.

덩굴식물이 꽃도 채소도 있지만 피해를 준다고 느끼지 못하고 있는데 유독 가시박만이 악종이다. 야생화 종류도 씨를 말리고 있다. 인도 변 손바닥만 한 빈터만 있으면 어김없이 가시박이 자리를 잡고 있다. 토종 야생화가 씨가 마르게 생겼다. 개천을 비롯한 민물에는 외래종 블루길과 베스가 토종 민물고기의 씨를 말리고 있는데 외래 도둑종 가시박이 식물 세계까지 망치고 있다.

가시박 퇴치는 어쩔 수 없지만 눈에 보이는 이팝나무는 살려야겠다는 생각에 뱀이 없는 겨울철에 타고 올라가는 사다리를 제거했다. 올해는 무슨 방법을 쓰더라도 가시박이 다시 나무로 올라가면 잔인하게 잘라버릴 생각이다. 가시박 사다리를 제거하는 날 옷이 엉망이 되었다. 잔가시가 많아 바싹 마른 가시박 잎이 옷에 달라붙어 쉽게 떨어지지 않았다. 그렇지만 속이 후련했다.

 잎이 다 떨어진 이팝나무가 죽은 것 같지만 고맙다고 웃고 있는 것만 같다. 올여름에는 상처받은 나무지만 예쁘고 화려한 꽃을 피워 지나가는 사람들에게 즐거움을 제공했으면 좋겠다. 흰색 하나 가지고 화려하다고 하고보니 옳은 표현인지 모르겠지만 햅쌀로 지은 뜸이 잘 든 쌀밥 같으니 화려하다는 말밖에 달리 표현할 말이 없다.

 불과 10여 년 사이에 가로수가 이팝나무로 대체된 곳이 많아 꽃이 피는 계절에는 가는 곳마다 하얀 쌀밥 풍년이다. 단색이 왜 그렇게 화려한지 모르겠다. 서울 청계천 변에도 이팝나무가 나를 반긴다. 꽃피는 여름을 기다린다. 여름이 되면 다시 기승을 부릴 덩굴식물들을 잘 이용하여 호박이나 수박 참외 오이 같은 과채가 풍성한 열매를 맺을 수 있도록 하는 방법은 없는 것일까?

까치를 보면서

텃새 중에 텃새인 까치를 보면서 세상 이치를 배운다. 연중 인가 근처를 맴돌면서 살아가는 까치는 몇 안 되는 텃새다. 최근에는 소수의 텃새들 종적이 보이지 않고 보니 까치의 존재가 더욱 귀해졌다.

옛날부터 까치는 사람들과 가까이에서 친근하게 지내 온 길조였다. 옛날 어른들이 아침에 까치 소리가 들리면 반가운 손님이 찾아올 것이라면서 반기던 모습이 어렴풋하다. 흑백의 조화가 아름다운 까치의 깃털도 까치를 사랑하는 데 한몫을 하는 것 같다.

최근에는 까치를 보면서 측은한 생각이 들 때가 있다. 까치는 잡식성이기는 하지만 주 먹이는 곤충인데 농약의 남용으로 곤충의 씨가 마를 지경이 되어 생존이 걱정되는 안타까운 실정이다. 봄이 되어 식물들이 잎도 피고 꽃도 피는 때가 되어야 까치도 활개를 펼칠 터인데 그날을 기다려본다.

가장 안타까운 계절은 겨울이다. 먹이가 될 만한 것이 모두 사라진 계절이어서 어디에서 어떤 먹이로 연명을 하는 것인지 걱정되면서도 신기한 생각을 하게 된다. 눈이 내려 온 세상이 하얗게 덮이면 어디에서 무엇을 먹을까 굶으면 생명 유지가 어려울 텐데 궁금하고 걱정된다.

나의 걱정이 기우인가. 얼었던 땅이 풀리기도 전에 번식을 위한 준비에 바쁘다. 한 쌍의 까치가 집을 짓기 시작한다. 작년에 태어난 까치도 집을 짓는 것을 보면 정말 놀랍다. 집을 짓는 기술을 배우지도 않았는데 집을 지을 장소를 선택하는 과정부터 놀랍기만 하다.

적당한 막대기를 하나씩 물어 나르는 과정부터 처음에는 어설퍼 보이는데 기초가 어느 정도 지어지면 집의 윤곽이 보이기 시작하고 아파트 기초공사가 이루어진 느낌이 든다. 누구에게 배우지도 않고 집을 만들어가는 과정이 너무나 튼튼해 보인다. 막대기 하나씩 물어 나르는 과정도 쉽지 않은데 비바람에도 견딜 수 있는 튼튼한 집을 짓는 기술이 사람을 앞서는 것 같아 놀랍기만 하다.

까치뿐만 아니라 새들의 집을 만드는 기술은 사람을 앞서는 것 같다. 태풍이 지나가고 나면 집이 무너지고 부서지고 큰 피해를 입게 되는데 새들의 둥지는 태풍이 지나가도 부서지는 것을 볼 수가 없으니 그 기술이 신비롭다. 태풍에 대비하여 집을 지을 장소를 선택할 때부터 신중하게 결정하는 안목이 사람이 집터를 결정하는 중요성 못지않은 것이 아닌가 싶다.

사람과는 달리 까치는 자기가 살기 위해 집을 짓는 것이 아니고 번식을 위해 집을 짓는다. 새끼가 자라 독립을 하면 힘들여 지은 그 집은 쓸모가 없게 된다. 까치는 한 해 한 번 집을 지어 새끼를 길러 독립을 하게 되면 그 집에서 떠나 다시는 그 집에 오지 않는다. 한 해가 지나도 두 해가 지나도 빈집이다. 그 이유를 알 수가 없다. 힘들여 새집을 짓기보다는 빈집을 사용하면 편하고 좋으련만 왜 사용하지 않을까?

암수가 열심히 막대기를 물어 날라 집이 완성되면 내부 공사에 들어간다. 털이 없는 어린 새끼가 태어나도 상처를 입지 않도록 새들의 깃털로 장판을 깔고 보드라운 마른 풀로 도배를 한다. 번식을 위한 노력은 눈물겹도록 신성하다. 튼튼하게 지어진 집에 내부 공사까지 깔끔하게 마무리되면 번식을 위한 성스러운 작업에 들어간다. 짝짓기를 하고 몇 개의 알을 낳고 암수가 교대로 알을 품어 부화 작업에 들어간다. 인간 세계가 부러워해야 할 일이다.

부화 작업은 길고 어렵고 험난한 작업이지만 어쩌면 목숨을 걸고 이겨낸다. 알을 품어 따뜻하게 하여 정성을 다한다. 평균 2, 3주 동안 알을 품는다. 암수 교대로 품는 종이 대부분이지만 어떤 종은 어미만 알을 품기도 한다. 알을 품는 동안 상대는 집 밖에서 지키기도 하고 계속 먹이를 구해와 제공하기도 한다.

아침 산책코스 가로수에 까치가 금년에 집을 지었다. 막대기 하나씩 물어 나르던 것이 엊그제 같은데 집이 완성되었고 이제는 암컷이 알을 품고 있는지 보이지 않고 2, 30cm 거리 가지에 한 마리가 앉아 지키고 있다. 품고 있는 일도 힘들겠지만 지키고 있는 일도 쉽지 않으리라. 먹이도 책임져야 하고 경비도 해야 하니 자식을 잉태시키는 일이 어찌 쉽겠는가.

동물의 세계를 보면서 현시대를 생각하게 된다. 종족 번식은 창조주가 세상을 창제할 때 결정한 일. 그래서 동물들은 그 뜻을 충실히 지키고 있을 뿐인데 유독 사람만이 그 뜻을 어기는 것 같아 마음이 편하지 않다. 동물들과 달리 스스로 생각할 줄 알고 결정할 수 있는 사람은 옛날과는 달리 편하게만 살고 싶어 한다. 결혼을 기피하는 남녀가 늘어나고 출산을 피하는 여자가 늘어가면서 출생아 수효가 현저히 줄어 국가적 문제가 되고 있다.

우리나라가 인구가 자연감소하는 나라가 되었다. 출산 장려를 위해 해마다 막대한 자금을 투입하지만 효과가 없어 국가적 걱정거리다. 지구상에서 인구 자연감소로 소멸할 수 있는 나라 1순위가 우리나라라니 정말 걱정이 아닐 수 없다. 동물들이 종족 번식을 위해 열악한 환경에서도 최선을 다하는 모습을 보면서 인구 자연감소만은 막아야 한다는 생각이지만 쉬운 일이 아니다.

오늘도 까치집 밑을 지나면서 알을 품고 있는 것이 확실하다면 부화가 반드시 성공하기를 바라면서 새끼들이 무사히 자라 내년에 새 둥지에서 더 많은 새끼들을 부화할 수 있기를 빌어본다. 동물들이 안전하게 살아갈 수 있는 환경이어야 사람들도 안전하게 살아갈 수가 있는 만큼 환경 조성도 시급하다.

까치가 진정한 텃새가 되면서 어느 날도 까치를 보지 못하는 날이 없다. 까치가 옛날과는 달리 사람을 두려워하지 않는 것 같다. 훨씬 가까워진 느낌이다. 아침이면 까치 소리가 제일 먼저 들린다. 반가운 손님 누가 올까 손가락을 꼽아본다. 오늘 아침에는 여러 마리의 까치들이 활공을 하면서 시끄럽다. 단체 손님이라도 오려나. 이제는 까치에게 가족을 늘리는 방법을 배워야겠다.

매화

눈 속에 웃고 있어 설중매라 했나. 아직 눈이 녹기도 전 급하기도 하다. 앞장서 꽃길 여는 너의 모습 장하다. 예쁘게 웃는 모습 보고 또 봐도 자꾸만 보고 싶어 너를 찾는 발길이 잦아지는구나.

깊은 산속 유명 사찰 대웅전 앞마당에 홍매가 유명하여 불자들 발걸음이 특별히 잦다 하니 네가 곧 부처로다. 관광객들 마음까지 행복하게 해준다니 너의 웃음 보고 싶어 나도 한번 찾고 싶다.

매화나무 가지에 새 한 마리 날아든다. 꿀을 따는 재주가 가상하구나. 벌 나비 날아드니 봄이 익어 간다. 벌 나비 매조가 매실을 만든다. 화투장에 그려진 2월 상징 매조가 매화의 품격을 높여 준다.

익기 전에 수확하는 특별한 매실, 매실청이 언제부터 조미료가 되어 국민들 밥상 위에 의젓하게 올라 있다. 매실밭 꽃구경이 어제 같은데 오늘 벌써 매실 수확 구슬땀이 흘러도 천금을 얻은 듯 어깨춤이 절로 난다.

사군자 첫머리에 의젓하게 올라앉은 너의 웃음 보고 싶어 매화밭이 시끌벅적, 쓸모없던 매실까지 조미료 되어 과수원으로 승격하니 상전벽해 따로 없다. 고고한 너의 품격 군자로 추앙되니 그 이름 지켜지길 손 모아 기도한다.

　겨울이 끝나기 전 홀로 웃는 너의 모습, 고고한 너의 품격 따를 자가 없구나. 웃는 얼굴 시기하나 철 늦은 눈송이에, 매화꽃에 눈꽃 피어 설중매가 되었구나. 매화와 눈꽃이 쌍벽을 이루니 선경이 따로 없다. 매향이 진동한다.

　양산 통도사의 자장매화는 2월 5일을 기점으로 꽃봉오리가 개화되는데 남부지방은 통도사의 자장매화를 기점으로 개화가 시작된다니 자장매화가 바로 설중매가 아닌가 싶다.

　구례 화엄사의 개화 시기를 3월 중순경에서 말쯤이라고 하니 같은 매화가 2개월 가까운 시차를 두고 개화를 하는 것은 매화를 사랑하는 관광객들에게는 행운이 아닌가 싶다. 화엄매로 불리는 화엄사 매화의 아름다움은 황홀하다고까지 했으니 한 번쯤은 보고 싶지만 뜻대로 되지 않아 안타깝기만 하다.

　구례 화엄사 화엄매, 장성 백양사 고불매, 순천 선암사 선암매가 천연기념물로 지정되어 매화의 이름값이 하늘에 닿는 듯하다. 매화의 아름다움은 지나치지 않고 은은한 품위가 군자로 칭송받게 된 것이 아닐까.

　전국 곳곳에 생겨나는 매화밭이 매화의 품위를 손상할까 걱정스럽다. 아무리 귀한 것도 흔해지면 천대를 받는 수도 있는 법, 매실의 유명세가 매화의 아름다움을 넘어설까 걱정스럽다.

매실청이 국민 조미료가 되면서 매실의 인기가 해마다 달라진다. 매화밭에 매화가 만발할 때 관광객보다 매실 수확기에 매실 수매객이 훨씬 많은 것은 매화를 사랑하는 사람들에게는 섭섭할 수도 있지만 꽃도 과실도 한 몸이니 다 같이 사랑하는 관광객이 되었으면 좋지 않을까.

천연기념물 매화가 은은한 아름다움에 여름새 뻐꾸기를 불러와 여름 노래를 들려주는 것 같을 때는 각종 꽃들이 줄줄이 화려함을 뽐낸다. 매화가 앞장서니 군자가 되었나. 천연기념물 몸값은 얼마나 될까.

매실이 몸값을 올리면서 광양의 매실농장이 유명세로 사람들이 몰리면서 관광지화 되어 가니 꽃 축제도 진해 벚꽃 축제만큼이나 화려했으면 좋겠다.

익기 전에 수확하는 청매실은 육질이 단단하여 장아찌로도 일품 이름을 올리고 있다. 매실청으로만 대접받던 매실이 장아찌까지 인기 상승하니 꽃을 즐기고 열매까지 귀한 대접을 받는 것은 군자가 천연기념물까지 정말 대단하다.

겨울이 끝나기도 전부터 사람들의 발길을 이끌던 매화가 홍매가 절정이 되면 곳곳의 유명 홍매가 꽃 축제를 열고 있는 시대가 되었다. 매화의 종류는 꽃의 색으로 백매 홍매 황매 청매 흑매로 종류가 다양하다고 하는데 흑매와 청매는 본 적이 없어 듣는 것만으로도 신기하다.

매실은 5월 말부터 6월 초에 청매실을 수확하기 시작하면 7월까지 순차적으로 수확을 하게 되어 대형 마트에 가면 쉽게 볼 수 있을 것 같다. 청매실은 신맛이 강해 매실청의 재료로 주로 사용되고 장아찌로도 인기가 있으며 어느 정도 익은 황매실은 단맛이 들기 시작하여 신맛을 싫어하는 사람들이 좋아하고 잘 익은 홍매실은 관리가 쉽지 않아 청매실이 역시 가장 인기 품목인 것 같다.

사람들의 눈길을 끄는 데는 역시 홍매가 대단한 것 같다. 서울의 선릉 홍매도 개화기가 되면 축제에 많은 사람이 장관을 이룬다고 하는데 한 번도 참여를 못했으니 아쉽기만 하다.

오는 3월 8일부터 열흘 동안 광양에서 매화꽃 축제를 벌인다는데 전국에서 얼마나 많은 사람이 매화꽃에 취할지 자못 궁금하다. 전국 최대의 매화밭이 있는 광양이니 사람 구경도 할 만할 것 같다. 금년이 23회 잔치라니 광양의 매화 축제는 일찍이 알지 못했지만 정말 대단하다.

매화의 유명세를 상술에까지 이용하는 것 같아 안타까운 면도 있다. 매화쌈밥집이 전국 여기저기 간판을 걸었지만 매화를 어떻게 음식으로 이용을 하는지 알 수가 없다. 매화의 아름다움만큼이나 뛰어난 맛을 개발하여 많은 사람에게 찬사를 받는 쌈밥집 등장을 기대해 본다.

매화가 앞길을 열면 꽃들이 줄줄이 향을 피우고 종달새가 하늘에서 아름다운 소리로 짝을 찾는 노래를 들려줄 때 새로운 세상이 열릴 것만 같다. 짙은 매화 향에 봄을 화선지에 담는 동양화가 특별한 멋을 풍기는 계절을 꼭 잡고 있고 싶은 오늘, 난을 치는 선비가 웃는 모습이 보인다.

　매란이 손을 잡은 동양화 한 폭을 옆에 두고 음미하고 싶다. 귀하다는 풍란의 짙은 향이 마음을 진정시키는 특별함을 매향과 함께 경험해 보고 싶은 충동이 화실이나 미술관에서라도 두 손 꼭 잡아 보고 싶다.

마늘

 그놈 참 잘생겼다. 토실토실 반질반질한 것이 귀엽고 사랑스럽다. 막내 손자 놈을 두고 하는 말이 아니다. 육쪽마늘을 까 놓고 혼자 중얼거려본다. 언제부터인가 마늘은 항상 내 식탁에서 나와 함께 한다. 식사 때는 늘 함께 하는 동반자다. 급한 내 성격만큼이나 화끈하다. 그렇다고 고추처럼 불같이 화끈거리는 것이 아니라 짜릿하면서도 화끈한 맛이 중독성을 의심할 정도다.
 마늘은 우리 한식의 진미를 책임지는 일등공신이다. 얼큰한 육개장이나 닭개장에도 고춧가루만 사용하고 마늘이 빠진다면 무슨 맛일까. 아마도 비빔밥에 고추장이 빠진 것과 다름 아닐 것이다.
 등심이나 삼겹살을 구워 먹을 때도 마늘은 빠질 수가 없다. 진한 특수한 향 때문에 구미에 당기면서도 쉽게 손이 가지 않는 사람은 불판 위에서 구워서라도 먹는 것을 보면 싫어하는 사람은 많지 않은 것 같다.
 갑자기 내 삶을 뒤돌아보게 된다. 특별히 좋아하는 사람은 아니더라도 싫어하는 사람만이라도 없는 삶을 살아왔는가 생각하게 된다. 마늘은 양념의 재료가 끝이 아니다. 땅속에서 자라는 구근 식물이지만 구근이 생기기 전까지는 통째로 뽑아 잔뿌리만 잘라내면 줄기와 잎 모두 맛난 반찬이 된다. 또 수확하기 얼마 전에는 종을 뽑아 장아찌를 만들면 두고두고 먹는 반찬으로도 손색이 없다. 버릴 것이 하나 없다. 사람도 이처럼 골고루 갖출 수는 없을까, 깨끗한 공직자 찾기가 어려운 세상이라 한 번 생각해본다.

 마늘은 자기 몸에 상처를 내지 않으면 자기가 지닌 특수한 향을 오래도록 잘 보존한다. 자르거나 다질 때 비로소 고이 간직한 본래의 특수한 향을 발산한다. 사람들도 자기중심이 흔들리지 않고 바른길로만 갈 수 있다면 얼마나 좋을까 싶다. 가을 김장까지 마치고 나면 남은 마늘은 양념용으로 줄기를 엮어 시골집 처마 밑에서 동안거에 들어간다. 신선이 따로 없다. 맑고 시원한 공기를 마시며 한철 쉬어 간다. 필요할 때마다 한두 톨씩 적재적소에서 자기 책임을 완수한다. 마치 인력시장에서 필요한 사람만 일터로 가는 그런 현상 같다.

 전 국민이 좋아하는 김치에 마늘이 빠진다면 과연 어떤 맛일까. 백김치에도 마늘이 들어가는 것을 보면 마늘은 한약에 감초가 틀림없다. 시원한 김칫국이나 콩나물국을 먹으면서도 마늘 맛이 빠질 수가 없다. 마늘의 역할이 두드러진다. 식품으로서의 마늘의 가치는 세계적인 인정을 받고 있다. 2002년 미국의 타임지는 마늘을 세계 10대 건강식품으로 인정했다. 마늘의 효능이 과학적으로 밝혀져 웰빙 식품으로 인정한 것이다.

마늘은 약용으로도 널리 인정되고 있다. 여름철 보약으로 널리 알려진 삼계탕에도 마늘은 단단히 한몫한다. 인삼과 당당히 어깨를 겨룬다. 여름철 강장 식품으로만 이름을 올리는 것이 아니다. 최근에는 마늘의 항암 효과가 널리 알려져 암 예방용으로도 한 자리를 차지한다.

우리가 쉽게 생각할 수 있는 것이 마늘이 우리 한식의 맛을 내는 양념이 큰 몫인 것 같지만 그보다는 사람의 생명을 지키는 더 큰 역할이 있는 것 같다. 마늘의 항암 효과를 더욱 키우기 위해 흑마늘이 개발되었다. 아홉 번 찌고 그늘에서 말리는 힘든 과정을 거치는 새로운 제품은 죽어가는 사람도 살린다는 명약으로 통한다.

사람도 특별히 다를 것이 없다고 생각된다. 어려운 과정을 거치면서 인격 도야를 한 후라야 비로소 좋은 일을 할 수 있는 훌륭한 사람이 될 수 있지 않을까 싶다.

마늘을 반찬으로 만들 때는 다진 마늘을 사용하는 경우가 대부분이다. 삼계탕용이나 생마늘을 먹는 특수한 경우가 아니면 잘게 잘 다진 마늘을 사용한다.

오늘은 깨끗이 씻어 말린 마늘을 다져 달라고 큰 그릇으로 하나 가득 내 앞에 갖다 놓는다. 마늘 다지는 일을 맡은 지는 꽤 오래된 것 같다. 사소한 일이지만 마늘 향을 싫어하는 사람이라면 고역이겠지! 하지만 나는 마늘을 좋아하니 불만이 없다. 내 고향 의성에서 올라온 육쪽마늘이니 한결 반갑다. 한 톨 한 톨 만져보면서 고향 친구와 악수하는 기분이다.

　오늘은 동네 친구들과 점심식사를 함께 하는 날, 이웃에 있는 식당으로 갔다. 점심 메뉴는 처음 보는 마늘 보쌈이었다. 생소하지만 그 맛이 어떨까 기대 반 우려 반인데 먹어본 친구의 말로는 먹을 만하다고 했다. 보쌈용 제육 위에 다진 마늘을 얹어 놓았다. 보쌈을 쌀 때 그 위에 다진 마늘을 적당량을 얹어 먹는 음식이었다. 마늘을 좋아하는 나는 맛있게 먹으면서 옆에 있는 친구들을 곁눈질 해보니 하나같이 맛나게 잘 먹고 있었다.

　아무리 맛이 뛰어나다고 해도 혼자서는 제구실을 못한다. 양념 채소 중에서도 특이하다. 신세대나 아이들에게는 푸대접이다. 어른들에게도 마늘은 양의 조절이 필요하다. 넘치면 속이 쓰리고 아프다. 차라리 약간 모자라는 편이 속이 편하다. 어찌 마늘뿐이겠는가, 우리가 살아가는 일상도 과욕을 경계해야 하리라. 지나친 욕심을 삼가고 작은 것에 만족할 줄 아는 그런 삶을 살아가야 할 것 같다.

　한때 서양 음식이 우리의 식습관을 변화시키는 현상 때문에 한식이 위협을 받기도 했다. 지금도 어린이나 젊은 층은 서양 음식 맛에 빠져 있는 것 같기도 하다. 다행스러운 것은 한식이 웰빙 음식의 반열에 올라 건강식으로 대접받기 시작한 것이다. 서양식 음식으로 인한 폐해가 점차 부각되고 있다. 고도 비만으로, 각종 성인병의 주범으로 지목 받으면서 상대적으로 한식의 중요성이 뚜렷해지고 있다. 한식만 먹던 시절에는 성인병은 알지도 못했다. 한식의 모든 반찬은 채소가 주류를 이루고 있다. 약용 식물도 반찬이고 약성이 있는 야채들도 반찬으로 한몫하니 건강에 좋을 수밖에 없다.

모든 반찬이 맛을 낼 때는 마늘이 빠지지 않는다. 그러고 보면 마늘은 우리의 건강을 지키는 파수꾼이기도 하다. 오늘도 내 밥상에는 마늘이 여러 형태로 자리를 지키고 있다.

마늘은 적은 양으로 많은 음식의 맛을 배가시킨다. 시대도 날로 변하여 하루가 다르게 편리함이 확장되고 있다. 생활필수품의 대부분이 소형화 경량화 하면서도 그 기능은 확대되고 있다. 마늘의 기능을 닮아 가는 것 같아 마늘을 보는 내 마음이 한결 흐뭇하다. 마늘 예찬론자인 내가 자랑할 만한 것이 또 무엇일까 생각에 잠긴다.

그렇다. 마늘의 기능이 쉽게 얻어진 것이 아니다. 가을에 심어 싹을 틔우고 어린 싹 때부터 인고의 세월을 경험한다. 동지섣달 설한풍도 이겨내고 동안거에 들어간 스님들 못지않게 어려운 과정을 거치고서야 봄에 싹을 키운다. 특수한 향을 쉽게 얻을 수 없는 이유이기도 하다. 모진 계절과 시련을 이겨내고서야 얻어지는 것이리라.

마늘을 가까이하면서 많은 것을 생각하게 된다. 어찌 마늘뿐이겠는가. 세상 모든 것이 저마다 어려운 과정을 거치고서야 제구실을 할 수 있는 것이다. 하찮은 생물도 유심히 살펴보면 거기에서도 우리가 배울 점이 있을 것만 같다. 언제까지 어디까지 배우며 살아야 할까?

소나무 수난시대

 대나무와 함께 항상 푸른 잎을 간직하며 정절의 대명사로 알려진 소나무가 어느 날 아파트의 가치를 올려주는 정원수가 되어 도시로 진출하는, 영광도 기적도 아닌 아픈 역사를 쓰고 있다.
 소나무는 깊은 산속 맑은 공기를 마시며 깨끗한 수분으로 생명을 유지하면서 청렴과 절개의 상징으로 많은 사람의 본보기가 되어 수많은 세월 누구도 범접할 수 없는 명물로 보존되어 온 귀물이었다.
 애국가 2절에 소나무의 위상이 뚜렷하다. "남산 위에 저 소나무 철갑을 두른 듯 바람서리 불변함은 우리 기상일세" 이렇게 국민들의 뇌리에 뚜렷이 각인된 위상은 식물로서의 범주를 벗어나 존경의 대상이 되어 왔다.
 소나무는 생태적 본거지인 산속 청정한 곳에 뿌리를 내리고 수백년을 살아왔다.
 매끈하게 키가 큰 수백 년 동안 몸매를 키운 재목은 왕궁을 짓는 재목으로 낙점되어 영광을 누리기도 했을만큼 어떤 나무도 넘볼 수 없는 귀물이었다.

이렇게 귀한 대접을 받던 소나무가 수난을 당하는 시대가 되었다. 산림이 우거지면서 빈번하게 일어나는 산불로 어쩔 수 없이 소나무도 피해 갈 수 없게 될 때 안타까운 마음, 조바심으로 지켜 보다가 최소한의 피해로 산불이 진화가 되었을 때는 놀란 가슴을 쓸어내릴 때도 있었다.

산불이 나면 먼저 소나무가 피해를 입지 않도록 특별히 신경을 쓰는 것을 보면 우리 국민들의 소나무에 대한 애정이 어느 정도인지를 가늠하게 된다. 재목으로의 가치 이상으로 소나무를 아끼는 마음은 예나 지금이나 변함이 없다.

사람의 욕심이 소나무를 재산 증식의 도구로 사용, 가지를 자르고 휘고 철사로 감기도 하고 잔인하게 소나무를 못 살게 하고 있다. 바위틈에서 겨우 명맥만 유지하고 있는 아주 작은 나무를 채취하여 사람의 마음대로 철사로 묶고 상상하는 물건으로 만들어 거액의 관상수로 거래하고 있는 모습은 대표적 소나무의 수난이다.

조경사업이라 하여 모양이 쓸 만한 소나무를 채취하여 정원수로 판매하는 업자들이 한둘이 아니다. 한 그루에 몇천에서 억대의 고가로 거래되는 것을 보면 과연 그만한 가치가 있는 것인지 돈 잔치를 하고 있는 것인지 알 수가 없다.

살아 있는 소나무가 조경사업으로 거래가 이루어지는 것이 언제부터일까. 깊은 산속에 있어야 할 소나무가 도시로 밀려온다. 주택의 정원수로 관상수로 끝없이 밀려온다. 신설 도로의 중앙분리대에 소나무들이 줄지어 서 있다. 사람들의 이기심으로 소나무가 살아도 산목숨이 아니다. 스스로 방어 능력이 없는 소나무가 만신창이가 되어 간다. 지켜보는 국민들의 마음이 아름답기만 할까.

우리 아파트에도 꽤 많은 소나무가 정원수로 이사를 왔다. 타의에 의해 끌려온 소나무들, 깊은 산속 어디에서 왔는지는 중요하지 않다. 대형 나무를 이식해서 살리는 데는 소나무가 가장 어렵다고 하는데 많은 경험과 기술이 접목되어 요즘에는 이식 성공률이 100%에 가깝다고 하니 찬사를 해야 하나!

이식용으로 실려 온 나무를 볼 때는 몰골이 처참하다. 지름 1미터 정도를 남겨 두고 뿌리를 모두 자르고 뿌리에 붙은 흙은 타이어를 자른 고무줄로 칭칭 감아 흙이 떨어지지 않도록 꽁꽁 묶은 모습이 목불인견이다.

뿌리가 깊지 않으니 심어 놓고 4, 5개의 버팀목으로 넘어지지 않게 철저히 관리를 하여 2, 3년 지나도록 죽지 않으면 이식이 성공하는 것이다. 그렇게 이식한 소나무들이 10여 년이 가까워지니 울울창창 제모습을 뽐내기도 한다.

울창한 푸른 잎들이 제모습을 갖추니 높은 꼭대기에 까치들이 집을 짓기 시작했다. 뛰어난 건축 기술로 지어진 집은 태풍에도 끄떡도 하지 않는다. 손도 없는 까치가 매끈한 나뭇가지에 입으로 물어 온 나뭇가지를 떨어뜨리지 않고 집을 짓는, 그것도 태풍에도 안전한 집을 짓다니 경탄하지 않을 수가 없다

까치들이 집을 지을 때도 까다롭게 여러 가지 조건을 살피는 것 같다. 그러나 요즘은 사람들처럼 집 지을 장소가 쉽지 않아 좀처럼 짓지 않던 소나무에까지 집을 짓는 어려움을 겪는 것 같다. 우리 아파트 소나무에 집을 짓는 것도 몇 년이 된 듯하다. 먼저 들어선 집은 다음 해에 2층에 집을 지어 고층 집이 되었다. 좀처럼 보기 힘든 희귀한 현상이다.

까치는 집을 지어 번식을 하고 나면 다시는 그 집을 사용하지 않았었는데 까치들도 주택난인지 이즈음에는 지난해 사용하던 집을 리모델링 재사용하는 것을 보면 내가 봐도 까치집을 지을 만한 나무가 쉽게 보이지 않는다.

소나무 2층 집에서 언제 알을 낳고 새끼를 키우는지 높은 꼭대기 솔잎이 우거져 볼 수가 없다. 가을이 되면 식구가 늘어나 여러 마리의 까치들이 시끄러울 만큼 지저귀는 것을 보면 사람들이 본받아야 할 일이 아닌가 싶다.

어느 날 우리 아파트 소나무들이 1급 수난을 당하는 참상을 지켜봐야 했다. 관리사무소의 승인하에 이루어지는 일이겠지만 사다리차까지 동원하여 높은 곳까지 올라가 까치집을 통째로 들어내고 있었다. 동물이지만 피해도 주지 않는 집을 허물면 까치 가족은 어디로 가야 한단 말인가.

까치집을 들어내고 다음은 소나무 가지를 싹둑싹둑 잔인하게 잘라내고 있었다. 울창하던 나무들이 야위어 가고 있다. 전문 조경사라는 사람들이 간벌도 아니고 마구 잘라내는 것만 같았다. 과연 아파트 조경에 도움이 되는 일일까. 푸르고 울창하던 나무들이 홀쭉이가 되었다. 피골이 상접한 환자가 된 모습이었다. 바닥에 떨어진 푸른 가지들이 통곡을 하는 것만 같았다.

  까치 가족들이 다음 날 아침부터 집이 있던 자리 부근을 떠나지 않고 왔다 갔다 빙빙 돌고 있는 모습이 예사롭지 않아 산불로 집을 소실 당한 이재민들의 방황하던 모습이 그대로 보인다. 동물이지만 집을 잃은 슬픔이 오죽할까. 일주일이 지났는데도 부근을 떠나지 못하고 있는 한 쌍은 그 자리에 새로 집을 지으려는 것은 아닐까. 안타까워 눈을 떼지 못하고 있다.

  수족의 일부가 잘려 나간 소나무들이 제모습을 찾으려면 몇 년의 세월이 흘러야 할 것 같다. 다시 풍성한 잎들의 울창한 모습을 상상해 보지만 성질 급한 사람 마음만 상한다. 널브러져 있는 가지들 이별이 아쉽다.

일기예보

아침 기상과 함께 핸드폰을 연다. 온도 습도 미세먼지 자외선 지수까지 뜬다. 그날의 날씨가 청명하면 우선 기분이 좋다. 아침 산책길 발걸음이 가볍다. 코로나가 지나면서 마스크가 생활화되어 미세먼지 나쁨으로 나오면 마스크를 착용하고 하루 일과를 시작한다.

출항하는 어선들이나 신경을 쓰던 일기예보가 생활화되었으니 세상 많이 변했다. 그만큼 중요해져 예보가 잘못 나오기라도 하면 기상청이 뭇매를 맞는다. 인공위성까지 동원하는 예보가 예전과는 달리 정확도가 상당하다. 그만큼 국민들의 신뢰도도 높아져 기상예보관들의 인기까지 올라가고 있다.

올해는 산불이 극성을 부려 바람의 세기를 수시로 예보하고 있다. 바람의 강도에 따라 위험도가 높아져 사상자가 발생하기도 하고 진화가 어려워지기도 하기 때문에 그만큼 더 예보에 신경을 쓰는 것 같다.

일기예보는 국민들의 생활 전반을 아우르지만 사람마다 꼭 필요한 부분이 있어 나에게는 미세먼지 체크가 우선이다. 옛날에는 걱정하지 않던 미세먼지가 언제부터 우선순위 첫 번째가 된 것은 폐질환이 심각해지면서 예방에 소홀할 수가 없게 되었다.

도시의 공기 질이 나빠진 것이 언제부터인지 모르겠다. 88 올림픽 때만 해도 서울에서도 공기 걱정은 하지 않았다. 그때만 해도 자동차가 많지 않아 주차 걱정, 음주 운전 걱정까지 하지 않았으니 매연으로 인한 공기 걱정은 아예 하지 않았고 주거 문제도 지금과 달라 생활하수 문제도 걱정할 필요가 없었으니 지난날이 오히려 그리워진다.

일기예보가 참으로 중요하여 혜택을 입지 못하는 사람들도 있지만 생사를 책임지는 분야도 있어 기상청의 할 일이 많아지는 것 같다. 첨단과학의 힘 인공위성을 띄울 때도 날씨가 성패를 좌우하기 때문에 기상청의 도움이 반드시 필요해 일기예보의 중요성을 알 만하다.

옛날에는 일기예보가 주로 농사일에 집중하던 때도 있었지만 갈수록 필요한 분야가 많아져 필요 없는 분야가 없을 정도가 되었으니 기상청이 부로 승격하는 날이 올 수도 있다는 생각이 드는 것은 나만의 생각일까.

일기예보가 일취월장 발전한 것이 하루아침에 이루어진 것이 아니다. 반세기 전에는 예보가 적중도가 떨어져 믿지 못하는 웃지 못할 일이 한두 번이 아니었다. 비가 온다는 날 구름조차 보이지 않는 날이 있는가 하면 쾌청하다는 날 비가 내려 낭패를 당하는 일까지 우여곡절을 겪으면서 오늘의 일기예보를 반석 위에 올려놓는 자랑스러운 기상청이 된 것 같다.

　지금처럼 적중도가 높은 일기예보를 믿지 못하는 사람들이 가끔씩 낭패를 당하는 뉴스를 볼 때마다 차라리 방송을 꺼버릴 때가 있다. 대구를 잡던 가파도나 마라도에서 심한 파도에 휩쓸려 잡은 고기를 버려야 하는 참상은 보지 않는 것이 마음 편하고 외딴섬에 낚시를 나간 고집 센 낚시꾼이 예보를 무시하고 낭패당한 뉴스는 앞으로는 없어야 할 것 같다.

　젊은 시절 시장에서 장사를 할 때 자본이 넉넉하지 못해 허술한 판자 가게에서 옷 장사를 시작했는데 비가 오면 비가 새는 곳이 있어 그릇으로 물을 받아내는 어려운 형편일 때 라디오에서 비가 온다는 뉴스라도 나오면 오금이 저리던 경험, 지금 생각해도 일기예보가 원망스럽던 당시가 어제 일 같다.

　일기예보가 지금과는 비교가 되지 않지만 그래도 국민 생활에 편의를 제공하고자 각고의 노력을 기울였던 당시의 기상 관계자들의 노고를 높이 평가해주어야 할 것 같다. 열악한 시설에도 몸으로 대신할 수 있는 일이라면 무엇이라도 하고 애쓰던 당시 그들의 지난 공로가 있었기에 오늘의 기상청이 있다는 사실을 소홀히 생각해서는 안 될 것 같다.

　국지 예보 수준이었던 예보가 글로벌화된 예보로 발전한 오늘, 우리의 일기예보가 자랑스럽지 않을 수가 없다. 무섭게 번지는 산불 예방과 진화에도 예보가 큰 힘이 되어 국토의 70%인 우거진 산림을 지키기에 애쓰는 사람들이 있기에 우리의 산림은 영원히 울울창창할 것이다.

 오늘도 아침 기상과 함께 핸드폰을 열고 일기예보를 살핀다. 오늘은 쾌청할 것인가, 온도는 어느 정도 올라갈 것인가. 미세먼지 초미세먼지 나쁘지나 않을까. 마스크 착용 여부를 결정하고 산책길에 나선다. 뒤에 오던 젊은이들이 앞질러 부지런히 걸어간다. 나도 한때는 누구보다 빠른 걸음으로 걸을 수가 있었는데 부러운 눈으로 지켜볼 뿐. 흘러간 세월이 안타까울 뿐이다.
 일기예보의 발전이 어디까지일까. 한 국가에서 지역 대륙으로 다시 지구촌으로 확장되던 예보가 우주의 예보로 옮겨가고 있는 시대가 되어가고 있는 것 같다. 너무 많은 인공위성으로 우주쓰레기를 치워야 하는 복잡한 세상이 되면서 차원 높은 예보 시대가 바로 눈앞에 왔다.
 일기예보를 믿을까 말까 망설이던 때도 우리 시대였는데 반세기 남짓 사이에 너무 많은 발전을 했다. 국민 생활의 편의 위주였던 예보가 생사를 결정짓는 중차대한 예보로까지 진전을 했으니 앞으로의 변화도 기대된다.

공해와 함께 사는 세상

아침에 일어나면 핸드폰을 열고 미세먼지를 체크한다. 그리고 생수병을 열고 물을 마신다. 일상생활의 시작이다. 옛날에는 상상도 못 했던 일들이 일상화되어 간다. 공해 때문이다.

마음껏 숨 쉬고 마시던 맑고 깨끗한 공기와 물이다. 가장 흔한 공기와 물을 마음대로 할 수 없는 세상이 될 줄을 누가 상상이나 했을까. 공해라는 무서운 적이 우리 앞에 나타났다. 우리가 만든 적이기에 함께 살아가고 있다. 싫어도 무서워도 어쩔 수 없이 함께 살고 있다.

내가 성장한 농촌을 생각해본다. 비료도 없던 옛날, 논밭의 작물 생산은 정말 형편없었다. 소출이 형편없으니 죽이라도 하루 세 끼 먹을 수 있는 집은 그래도 형편이 괜찮은 집이었다. 늦은 봄이면 지독한 보릿고개, 참으로 넘기가 힘들었던 시절도 있었으니 초근목피란 말 기억하기조차 싫은 과거다.

그렇게 어려운 시절에도 맑은 물 깨끗한 공기는 지금 생각하면 하늘이 준 축복이었다. 동네 앞과 뒤 개천에는 맑은 물이 흘러 웅덩이에는 붕어와 피라미가 지천이었고 좀 더 깊은 웅덩이에는 잉어와 가물치와 메기가 헤엄치는 모습을 보는 것은 지금 생각하면 꿈을 꾸는 것만 같다.

먹을 것이 귀하던 시절 잡아 온 물고기 조림은 지금 먹어도 맛이 일품일 것 같다. 먹을 것은 부족했지만 자연은 너무나 깨끗했었다. 그런 청정한 자연환경이 조금씩 변하기 시작했다. 비료가 보급되기 시작하며 농업 생산량이 천문학적이라고 할 만큼 늘어나면서 그렇게 넘기 힘들었던 보릿고개도 사라졌다.

비료를 사용하면서 병해충이 생기기 시작했다. 도열병이 생기는가 하면 벼멸구가 극성을 부려 농사에 크게 상해를 입히니 농약이 등장했다. 독한 농약은 벼멸구는 퇴치가 되지만 초기에 사용 방법에 소홀해 극약인 농약에 중독되어 생명을 잃는 일까지 있었으니 피해가 극심했다.

농약 사용이 보편화하면서 메뚜기와 같은 곤충들의 수효가 줄면서 여름 철새와 텃새들 중 자취를 감춘 종도 있어 참으로 안타깝다. 농약은 하천까지 오염시켜 그렇게 흔하던 개천에 물고기들이 자취를 감추었고 맑고 깨끗하던 동네 앞뒤 개천도 오염되어 여름밤이면 즐기던 목욕도 할 수 없게 되었다.

개천의 오염은 농약 탓만은 아니었다. 생활 형편이 향상되면서 가옥 구조를 현대식으로 개조하여 수세식 변기와 각종 세제를 사용하면서 개천의 오염이 가속도로 심해졌다. 공장이 없는 시골의 하천마저 오염이 심각하니 공해와 함께 살아갈 수밖에 없는 세상이 된 듯하다.

사람들의 인식이 바뀌기 시작한다. 동물이 살 수 없는 세상, 사람도 무사할 수 없다는 생각은 농약을 멀리하기 시작한다. 생산량이 부족해도 깨끗하고 청정한 농산물을 생산하려는 농민들이 늘어나고 있다. 농약을 사용하지 않고 정성을 다하는가 하면 아예 비료까지 사용하지 않고 순수 퇴비로 농사를 짓는 유기농 농가도 늘어나는 추세다.

축산 농가들도 많이 변화하고 있다. 시골에서 한두 마리 기르던 농가들이 이제는 기업화하고 있다. 규모가 커지면서 분뇨 냄새가 공해가 되어 주변 민원을 견디지 못하고 외진 곳으로 밀려나던 때도 있었지만 지금은 분뇨 냄새를 제거하는 신기술을 개발, 쾌적한 축산을 하는 세상이 되었다.

농촌의 공해는 조족지혈이다. 산업 전반에 공해가 심각하다. 지구촌 전체가 공해로 몸살을 앓고 있다. 지나친 에너지 사용량은 지구의 기온 상승을 불러와 생태계를 파괴하고 있어 해결책을 모색하고 있지만 이해관계가 상충되어 해결의 실마리조차 찾지 못하고 있는 현실이 참으로 안타깝다.

삶의 질 향상을 위한 개발이 공해를 불러왔다. 초기에는 공해 같은 것은 상상도 못했지만 개발 뒤에는 공해가 따라와 극심한 피해가 이어졌고, 해결은 개발 못지않게 어렵다. 옛날에 없던 무서운 난치병들도 공해로 인한 질병들이다. 상상할 수 없는 난치병들이 인류를 공포로 몰아넣고 있다.

우리의 실생활에 꼭 필요한 플라스틱이 기적처럼 개발이 되었지만 공해의 최고 선봉에 서고 있다. 사회 전 분야에 지금도 없어서는 안 될 플라스틱은 공해를 알면서도 안고 살아가고 있다. 한 번 생산된 제품은 100년이 가도 썩지 않는다고 하니 정말 무서운 공해다.

플라스틱 제품은 무척 다양하다. 심지어 우리가 무심코 사용하고 있는 생리티슈나 물티슈도 플라스틱이라고 하니 놀라울 뿐이다. 이들 플라스틱은 잘게 분해되어도 썩지 않아 바다에서 잡힌 물고기들의 배 속에서 발견되어 사람들을 경악시켰다고 한다. 먹이로 알고 먹은 물고기가 영양분이 없어 결국은 죽는다고 하니 정말 무서운 공해가 아닐 수 없다.

지구촌 기온 상승은 생물의 생명을 위협하고 있지만 오늘도 거대한 공장 굴뚝에서는 뜨거운 연기를 뿜어내고 있다. 온실 가스는 남북극의 빙산을 해마다 녹여 해수를 높이는 데 일조를 한다고 전문가들을 놀라게 하고 있다. 남북극에서 생존하는 북극곰과 펭귄들의 생존까지 걱정스럽다고 한다.

지구촌 온난화는 기상이변을 일으켜 사람들에게 엄청난 재앙이 되고 있다. 공해로 생긴 엘니뇨 현상은 국지적으로 비가 내리지 않아 사막화를 가속화시키는가 하면 또 어떤 곳은 홍수로 인명과 재산 피해가 막대한 곳이 있어 인간의 힘으로는 대처가 어려운 이 모든 것이 공해 때문인 것 같다.

  자연현상도 이렇게 어려운데 지구촌 한쪽에서는 전쟁을 벌여 수많은 인명이 살상되고 집과 재산이 불타버리는 무서운 참극이 벌어지는 모습을 보도를 통해 보면서 언제쯤 평화가 찾아와 모두가 힘을 모아 공해도 예방하고 슬기롭게 살아가는 지구촌이 될 수가 있을는지 걱정스럽기만 하다.

  공해 예방을 위한 사람들의 노력도 대단하지만 쉽지가 않다. 플라스틱 공해를 줄이기 위한 노력으로 일회용 컵 사용을 제한하지만 편리성 때문에 성과가 나타나지 않는 것 같다. 플라스틱 일회용 컵은 깨끗하고 편리하여 모두에게 사랑받아 왔고 재활용도 용이하여 공해 제품에서 제외해도 될 것 같지만 불행하게도 우리 곁에서 사라질 것만 같다.

  모두가 공해 없는 세상을 원하지만 깊은 산속에서 혼자 살지 않는 이상 공해를 모르고 살 수가 없는 세상이다. 쉽고 편하게 사는 방법을 연구하고 개발하는 현대사회에서 공해는 어쩔 수 없이 함께 살아야 하는 필수가 아닌가 싶다. 공해를 피해야 하는 오늘도 마스크를 쓰고 산다.

기다리는 마음

어제는 알밤 떨어지는 가을이었는데 오늘은 눈 내리는 은빛 세상이다. 알밤 툭툭 떨어지면 쪼르르 달려가는 다람쥐, 옆에는 붉은 감이 익고 있었는데 오늘 근심스러운 바람이 눈 장난을 한다.

바싹 마른 나뭇가지에 달님이 걸려 있다. 나를 보고 웃는 모습 내 님 같은데 심술궂은 바람에 나뭇가지 흔들려 달님이 갈팡질팡 오도 가도 못하네.

어제가 그립다. 울창하던 숲, 빨갛게 익어가던 달콤한 대추, 새들이 집을 찾느라 바람 속으로 날고 있는 저녁이 쓸쓸하다. 늦가을 피어난 산국이 옆집 누이를 닮았다. 수줍어 살짝 웃던 옛날이 어제 같다.

봄이면 환하게 웃어주던 백목련, 눈꽃이 피었다 가지마다에, 내일이면 또다시 웃어줄 텐데 기다리는 마음 조바심이 난다. 백목련 꽃잎이 눈물처럼 떨어지던 늦봄, 마음이 아려도 기다려진다.

세상이 얼어붙은 오늘, 내일을 기다리는 마음, 마른 가지들이 푸른 기운 품고 있다. 계절은 앞을 보고 기다리라 한다. 어제의 미련 떨쳐버리고 내일의 푸른 꿈 희망으로 살라 한다.

　어제를 잊지 못해 자꾸만 뒤를 본다. 풋감을 보고 곶감 생각으로 과일가게 뒤지던 엊그제, 오늘 옆집 감나무 꼭대기에 까치밥 몇 개가 나를 희롱한다.

　해가 지고 달이 떠야 노란 꽃잎 열고 달님 마중 나가는 그 이름도 예쁜 달맞이꽃, 이름 없는 잡초 속에서 방긋이 웃고 있는 아름다운 꽃이 어찌 잡초가 되었나. 아침 일찍 산책 나가면 아직 꽃잎을 닫지 않고 방긋이 웃는 모습, 밤새 달님을 마중하면서 기를 받았는지 선녀 같다.

　밤에만 피는 꽃 중 왕은 역시 박꽃, 농촌 아래채 초가지붕 위에 박꽃이 하얗게 피어 깨끗한 선비 마음 알려준 꽃이었지. 집집마다 하얀 박꽃 글 소리 들으면서 둥근 박이 익어 갔다.

　수줍어 밤에 피는 하얀 박꽃, 잎도 둥근 박도 하얀 기운 서려 있어 신비의 전설 품고 있는 천상의 꽃이 하강한 듯 마음속에 하얗게 피고 있다.

　엄동의 추운 오늘, 하얀 눈이 벚꽃 되어 낙화하니 어제 일이 오늘 되고 오늘 일이 내일 된다. 얽히고설킨 매듭 쌓인 눈 녹을 적에 함께 녹아내렸으면.

　배꽃 같은 눈이 펄펄 아이들 세상이다. 덩달아 강아지도 이리 뛰고 저리 뛰고 미끄럼 타는 아이들 제 세상인 양, 눈싸움 하는 아빠와 아이, 땀 뻘뻘 흘리면서도 신나게 뛰는 모습, 언제 또 볼 수 있으려나. 멋진 오늘 풍경이다.

　겨울을 좋아하는 마니아들 단연 스키어들이다. 전국의 스키장 성수기 한철, 공중을 나는 활강 모습 겨울 철새가 따로 없다. 눈을 좋아하는 스키어들 전국의 고속도로, 몸살 앓는 한철이다. 철새 되어 한철 즐기는 마니아들 스키와 스노보드가 재주 부리는 쌍벽, 보는 것만으로 즐겁다. 황홀경이다.

　양지쪽 나목에서 숨소리 들린다. 은은하게 풍기는 푸른 기운 내일이 가까웠다 일러주네. 복수초 꽃대가 얼굴 내밀면 처마 끝 고드름 하직 인사한다.

　아파트 마당에 어린아이가 만든 눈사람, 눈도 코도 없어도 아이만큼 예쁘다. 조그만 손으로 주먹 크기 눈을 뭉쳐 둘을 세워 놓고 눈사람 만들었다 손뼉 치며 좋아하는 모습이 예쁜 인형 같다.

　마음은 벌써 내일 남풍을 기다린다. 벌 나비 춤추는 꽃동산 그리워 내일의 문을 노크해 본다. 동면에서 깨어난 개구리 노랫소리, 맹꽁이 소리와 합창을 하면 하모니가 오케스트라가 되어 제법 장엄한 음악회가 되었는데.

　실개천 얼음이 녹아내리면 졸졸졸 흐르는 소리 노래가 되고 찍찍거리는 새소리가 새 세상을 여는 풍경이 된다. 깊은 산 개울 맑은 물속에 다슬기들 사람 구경하는 모습 신비롭다. 내일 문이 열리면 파란 세상이 시작된다.

잠에서 깨어난 새로운 세상 한 해의 문이 열리면 얼룩빼기 황소 음매에 소리, 농사의 시작 알리던 그때 농촌 풍경 그립기만 하다. 내일의 희망으로 오늘이 즐겁다. 오늘 못다 한 일 내일 승천할 것 같다.

아지랑이 길을 인도하면 종달새 하늘에서 노래 부르고 남쪽 나라 여행에서 돌아온 제비들 박씨라도 물고 왔나 횡재하는 꿈도 꿔보는 나른한 봄날, 자연이 베푸는 은혜 맘껏 즐겨보고 싶은 새로운 아침을 맞는 기분이다.

고향집 마당 끝에 곱게 핀 살구꽃, 벌들이 윙윙대며 꿀 따는 그때 노랗게 익어가는 살구 따는 생각으로 그리워진 그 시절 동무들 생각한다. 살구꽃 곱게 피면 어머니 얼굴에도 웃음꽃이 피었는데 그때 그 시절 묶어 두고 싶어 가슴속 활짝 핀 꽃 끌어안는다.

새 세상 열리는 내일이 오면 소망했던 모든 것 이뤄질 것 같아 기다리는 마음 풍선 같다. 볼 수도 만질 수도 없는 멀고 먼 그리움도 남풍에 녹아내리는 신천지가 대문 앞까지 온 것 같다. 새 세상 마중하자.

5

모든 날이 아름답다

믿음 치료

아파트 정문 앞 중소형 건물 2층에 내과의원이 유일한 병원이다. 일반 내과 전공의가 개설한 병원, 의사 한 분에 간호사를 포함한 직원이 10명 미만이지만 2000세대 주민들이 믿고 찾는 의료기관이다.

의사선생님과 직원들이 친절하니 문턱 없이 드나들 수 있어 내 집 같은 분위기가 대기실에서부터 어둡지 않고 병원이란 생각이 들지 않는다. 일반 내과는 모두가 경증이어서 감기 환자부터 소화기 환자가 대부분이다. 의사선생님의 걱정하지 말라는 처방이 내리면 밝은 얼굴로 병원 문을 나선다.

연전에 내시경 검사를 받을 때는 종합병원처럼 신경이 쓰이기도 했는데 평소의 믿음 때문에 시술을 맡겨 무난히 잘 마쳤던 것 같다. 세상만사가 믿음이 중요하지만 특히 병원에서의 믿음은 치료와 직결되는 것이 아닌가 싶다.

믿음 치료의 대표적인 예가 할머니의 약손이다. 대부분의 사람들이 경험했을 할머니의 약손은 어릴 때 배가 아프면 할머니가 무릎에 눕혀 놓고 "내 손이 약손이다"하면서 배를 살살 문지르면 꾀병처럼 낫던 지난날이 생각난다. 할머니를 믿는 마음, 그 믿음이 아픈 배를 낫게 하지 않았을까 싶다.

우리 동네 내과의원은 지금 종합병원이 되었다. 진료과목이 아주 어려운 특수과목을 제외한 여러 과목으로 등장했다. 피부과 이비인후과 심지어 할머니들의 산부인과까지 소변 검사로 살펴준다고 했으니 동네 사람들이 그 편리성에 칭찬을 아끼지 않는다. 가정의학과까지 겸하고 있으니 종합병원 같다.

수술하는 과목을 제외한 웬만한 질병은 상담할 수 있으니 편리하기로는 더 할 수가 없다. 피부과 같은 경우는 레이저 시술도 한다고 하니 이만하면 종합병원이 된 듯싶다. 취급하는 모든 종목에서는 만족할 만한 성과가 있을 것으로 믿고 있어 환자들에게 믿음을 주는 의사가 명의가 아닌가 싶다.

코로나가 기승을 부려 예방 백신주사가 의무가 되었다. 1, 2차까지 맞을 때는 택시를 타고 먼 곳까지 가느라고 많이 불편했는데 3차부터는 동네 의원에서 처리해주니 편했다. 의사선생님이 직접 주사를 하니 믿음이 더 가고 전문직인 간호사보다 실력이 대단하다. 따끔할 것이라고 했지만 언제 주사침이 왔다 갔는지 모를 지경이어서 주사를 맞지 않은 것 같다고 했더니 "내가 주사를 잘 놓은 것 같다"고 해서 같이 웃기도 했다.

요즘은 동네의원급 병원에서도 코로나 검사와 판정 치료까지 하고 있으니 한층 편리해졌다. 그렇지만 코로나 환자와 함께 드나들 수도 있다고 생각하니 훨씬 조심스러워졌다. 시간이 지나면서 직원들도 평상시와 다름없이 근무하고 있어 코로나가 감기 수준으로 취급되는 것 같아 다행스럽다.

　의사라는 직업이 좋은 것인가? 대학을 진학할 때 내신 성적이 우수한 학생들이 1순위로 선택하는 과목이 의대인 것을 보면 선망하는 직업이 의사인 것 같지만 의사가 되려면 먼저 믿음을 줄 수 있는 인성이 필요할 것 같다. 친구의 아들이 산부인과 전공의를 거쳐 의원을 개업했지만 적성에 맞지 않아 다시 소아과 전공의를 거쳐 소아과의원을 개설하여 잘 하고 있는 것을 보면서 직업 선택의 어려움을 느낄 수가 있었다.

　우리 동네 병원은 유아원 같기도 하다. 감기 환자로 오는 어린이, 엄마 따라온 어린이들로 소아과가 따로 없다. 어린이들이 보는 그림책도 잘 구비되어 책을 들고 장난하는 어린이도 있지만 병원 분위기가 밝기만 하다. 약간은 어두운 얼굴로 들어온 사람들도 나갈 때는 하나같이 밝은 얼굴이다.

　믿음이 중요한 것이 어찌 의사에게만 해당되는 것일까. 모든 사람에게 해당되는 중요한 덕목이리라. 가까운 친구라도 믿음을 저버리면 남남이 되는 것을 쉽게 볼 수 있는 세상이다. 친구나 가까운 친척을 믿고 돈을 빌려주거나 보증을 섰다가 큰 낭패를 당하는 경우는 종종 있는 일이다. 믿음이 배신이 되는 경우다.

아픈 사람에게 믿음은 특별하다. 사람에게는 웬만한 것은 자연 치유 능력이 있어 얼마간의 시간과 섭생을 조심하면 치유되는 경우가 있다. 특이한 경우도 가끔은 있다. 중병으로 고생하던 사람이 병원에서 시한부 판정을 받은 환자가 마지막으로 산속에 들어가 섭생으로 치유된 경우가 방송된 적이 있다.

6개월 시한부 판정을 받은 사람이 6년 뒤에 찾아가 재검을 받았을 때 놀라는 사람은 담당 의사였다고 한다. 현대의학으로 설명이 어려운 현실 앞에 놀라지 않을 수 없었으리라. 살 수 있다는 믿음 하나로 악착같이 버티고 살아온 세월, 완치라는 기적 같은 판정에 시청자들도 믿음에 박수를 보냈다.

혈압 관리를 위해 믿고 찾을 수 있는 병원이 가까이 있어 참으로 다행이다. 고지혈증약도 먹어야 한다면서 함께 처방을 해준다. 갈 때마다 혈당 검사도 해주니 그저 고마울 뿐이다. 부탁하지 않아도 건강을 살펴주니 믿음이 갈 수밖에 없다. 원장님의 이력을 살펴본다.

서울대 공대 졸업 연세대 의대 졸업 전공의 과정 수료, 서울대 공대를 졸업하고 왜 의대로 전향을 했는지 물어보지 않았다. 월급 받는 직업이 싫어서였을까. 궁금할 때도 있지만 사생활을 물어보는 것도 결례라는 생각에 물어보지 못했다. 의사로서의 생활을 볼 때 환자들에게 믿음을 주고 존경받는 현재의 자리가 천직이기를 바란다.

병원 문턱을 들어서기만 해도 울음을 터뜨리는 어린아이들도 있는데 울음소리를 들을 수 없는 병원이다. 유아원인 줄 아는가. 그림책부터 찾는 아이들, 처음 찾는 곳이 아닌 듯 신나게 떠들면 엄마가 조용히 다독인다. 의사선생님이 아이들 달래는 솜씨가 믿음을 주나보다. 아이들을 살필 때는 유아원 원장님이 되는 모양, 출입하는 모든 사람에게 믿음을 주는 원장선생님, 선생님의 손은 옛날 약손 할머니의 손, 믿음 치료의 손이다.

학생들이 희망이다

오늘도 학생들을 만나고 왔다. 희망을 만나고 왔다. 학생들을 만나는 것은 기쁨이고 즐거움이다. 반짝이는 눈, 활기찬 모습은 나를 즐겁게 하고 있다. 내일을 짊어질 꿈나무들을 보면서 맑고 밝은 앞날이 보이는 것 같다.

우리 아파트는 젊은 사람들이 많은 대단지 아파트다. 지상에는 차가 없어 어린이들의 천국이다. 단지 바로 앞에 초등학교가 있어 통학에 편리하고 어린이들의 얼굴에서는 웃음기가 넘치는 천사의 표정들이다. 아름다운 무지개가 움직이는 것만 같아 새싹들을 지켜보는 것도 행복하기만 하다.

아파트 후문에는 고등학교와 중학교가 나란히 붙어 있다. 우리 단지의 학생들은 등하교가 너무 편해 게을러지지나 않을까 염려를 해보기도 한다. 매일 아침 산책코스가 학교 정문 앞을 통과한다. 그때마다 학생들과 마주친다. 하나같이 씩씩하고 건강한 모습들이다. 씩씩한 학생들을 보고 나면 내 마음도 씩씩해지고 건강해지는 것만 같아 하루가 즐거워진다.

학교 앞 편의점은 학생들에게 참새 방앗간이다. 등교 시간에도 학생들이 줄을 선다. 철저히 줄을 서는 모습이 아름답기만 하다. 천 원짜리 한 장씩 들고 간단한 것을 사면서도 반드시 들러 가는 참새 방앗간이 어떤 의미일까. 웃고 즐기는 천진난만한 그 모습, 정말 아름답다. 오늘의 학교 생활이 즐겁겠다.

중고등학교 모두가 남녀공학이다. 사춘기 학생들이라서 그런지 가끔씩은 짝을 지어 다니는 커플도 볼 수 있다. 그런 학생들을 볼 때면 무지개가 뜬 듯하다. 세월이 많이 변하기도 했다. 옛날에는 남녀공학이 없어 사귀기도 힘들었지만 그때도 재주가 좋은 학생들은 남녀 학생들이 사귀어 결과가 좋으면 평생을 함께하는 사람들도 있었으니 남녀 사귐은 아름다움이다.

요즈음 등교 시간은 아침 9시다. 등교 시간이 임박하면 바쁜 학생들이 가끔씩은 보인다. 학교 가까이 살고 있는 학생들이 지각을 할까 헐레벌떡 달려오는 모습을 보면 옛날 생각이 난다. 옛날에도 지각하는 학생은 언제나 학교 가까이에 살고 있는 학생들이었다. 지금도 도보 20여 분 이상 걸리는 원거리 학생들은 승용차로 등교하는 것을 보면 지각생은 없겠다.

인재 육성을 위한 교육이 어렵고도 중요하다. 조선 시대에 서당에서 한문 교육을 하던 시대에서 신교육으로 바뀌면서 인재 양성을 위한 교육제도는 숨 가쁘게 바뀌어 왔다. 서구 열강들을 따라잡기 위해서는 교육도 서구식으로 한 해가 다르게, 어떻게 하면 더 좋은 교육 환경을 만들까 노심초사하면서 개선해 왔지만 아직도 만족스러운 결과는 얻지 못하고 있다.

외국어고 과학고 등 특수고가 우후죽순 생기더니 부작용이 발견되어 폐지되는 등 우수 학생을 키우기 위한 노력은 지금도 진행 중이지만 정답을 찾지 못한 오늘이다. 학생들이 희망인데 희망을 살리기 위한 노력은 지금도 진행 중이니 지나온 과거처럼 조금씩 발전해 갈 것으로 믿을 수밖에….

신교육의 성장 과정을 뒤돌아보면 눈물겹다. 어떻게 하는 것이 가장 효과적인 교육으로 우수한 인재를 많이 양성하여 세계 열강을 따라잡을 수가 있을까. 교육이 중요하고 어렵다는 것을 지나온 과거가 증명한다. 한때는 우열반을 편성하여 교육도 해 보았지만 장점보다 단점이 많아 평준화의 길을 가고 있으며 인재 양성의 최일선인 대학 교육도 갈수록 어려워지고 있다. 지방 대학을 살린다는 목적으로 수도권 대학의 신설이나 정원을 감축까지 했지만 인구 감소로 인해 지방 대학의 정원 미달 사태까지 와 학교가 통폐합되는 등 교육행정의 어려움을 보여주고 있는 현실이다.

그래도 학생들은 씩씩하고 건강하다. 교육정책이 바뀌면 바뀌는 대로 열심히 한다. 치열한 경쟁 속에서 아침부터 저녁 늦도록 몇 과목 학원까지 열심히들 하는 것을 보면 나라의 앞날이 밝은 아침 해를 보는 것만 같다. 저녁 늦게 집에 올 때는 파김치처럼 축 늘어지지만 아침 등교 시간이면 활짝 웃는 모습으로 친구들과 만나 즐거워하는 것을 보면 학생들이 희망이다 아침 산책길에 학생들을 만나면 지나가는 학생들을 유심히 살핀다. 저 아이는 앞으로 어디까지 공부를 하고 장차 어떤 일을 하면서 국가에 봉사하게 될까 여러 학생을 지켜보면서 그런 생각을 하다 보면 모두가 꼭 필요한 곳에 가서 훌륭한 일을 할 것만 같아 흐뭇한 생각이 들면 혼자 즐거워진다.

등교 시간의 학생들이 행복해 보인다. 어제의 피로가 하룻밤 휴식으로 깨끗해졌다. 부모 세대의 교육환경과는 비교도 할 수 없을 만큼 훌륭한 여건 하에서 지극정성인 부모들의 뒷받침을 받으면서 공부하는 오늘의 학생들은 행복을 타고 난 세대들이다. 과거 나라 사정이 어려워 공부를 하고 싶어도 가난이 앞을 막아 공부를 포기할 수밖에 없던 시절을 생각하면 지금의 경쟁 정도는 호사라고 생각하고 열심히 공부하여 큰 일꾼들이 되기를 바란다.

김치 예찬

　삼시 세끼 밥상에 김치가 없으면 안 되는 딸들의 식성이 누구를 닮았을까. 우리의 김치는 국민 반찬이다. 옛날에는 겨울 김장은 반찬이 아닌 양식이라고 했다. 김장을 하고 나면 그만큼 겨울 한철 걱정할 일이 없다고 했으니 양식이라고 한 어른들의 마음을 알만도 하다.
　시대가 변하여 지구촌 모든 나라 음식을 먹고 싶으면 먹을 수 있는 세상이 되었다. 밀가루 음식이 판을 치는 세상, 우리의 쌀이 뒤로 밀리는 세상이 되어 빵 종류가 주식이 되고 피자가 별식이 되면서 서양 음식이 우리의 식단을 완전히 점령을 해버린 느낌이다.
　천지개벽이 된 밥상에 김치는 당당히 제자리를 지키고 있다. 우리 농촌의 주품목인 쌀 소비량이 해마다 줄면서 쌀 재고량 때문에 정부에서 골치를 앓고 있다. 논을 밭으로 만들어 밀 농사를 짓도록 정책을 바꾸려 하는 판에서도 김치만은 제 몫을 잘하고 있다.

김치는 우리 밥상에서 빠질 수 없는 반찬이다. 수백 년을 이어온 김치의 맛은 참으로 오묘하다. 그 종류만도 많게는 120여 종이나 된다고 하니 입이 떡 벌어진다. 주재료가 여러 가지인데 양념 종류 또한 다양해서 맛이 다양한데 맛을 내는 산도가 각자의 입맛에 따라 조금씩 다르니 그 종류가 얼마나 많겠는가. 김치의 인기는 내일도 후대에도 변할 수 없을 것 같다.

초겨울이 되면 모든 가정에서 김치를 담그는 김장철이 된다. 옛날에는 이 집 저 집 단체로 모여서 김장을 하면 그날은 잔칫날이 되었다. 핵가족시대가 되면서 그런 풍습은 없어졌지만 조금씩이라도 김장 걱정을 한다.

옛날 김치 맛이 그리울 때가 있다. 가문마다 집집마다 전통으로 내려오는 특별한 김치가 있었다. 젓갈 종류가 다양하여 김치에 들어가는 생선 종류가 제법 많았던 것으로 알고 있다. 조기나 명태 오징어 낙지 등이 김치에 들어가는 단골 생선이었던 것으로 알고 있는데 특별한 노하우가 있어 그 맛이 뛰어났던 것으로 알고 있다.

김치냉장고가 생겨 보관도 맛을 내기에도 편리해졌지만 젊은 사람들은 마트에서 그때그때 조금씩 사서 먹는 사람들도 많아 김치를 전문적으로 생산하는 업체들도 많이 생겼다. 입맛 따라 골라 먹을 수 있게 생김치와 신 김치 포기김치와 잘라놓은 김치, 거기에다 다양한 특수 김치까지 식성 따라 골라 먹을 수 있게 참으로 편리한 세상이다.

김치는 우리 국내에서만 인기 있는 것이 아니다. 이제는 세계적인 음식이 되어 일본에서 기무치라고 김치 흉내를 내고 있다. 그렇다고 우리의 김치 맛을 낼 수 있는 것도 아니고 우리에게 큰 피해를 줄 수 있는 것도 아니라고 생각된다. 일본 사람들의 입맛에 맞추어야 하니 우리 김치 맛과는 근본적으로 달라질 수밖에 없으니 우리의 김치가 아니다.

국내에서 김치 생산업체가 많아지면서 가격경쟁 때문에 값싼 인건비를 앞세운 중국에서 생산 수입하면서 웬만한 식당에서는 중국산을 사용하는 새로운 경쟁자가 생겼다. 원산지표시제를 시행하지만 가격 차이가 워낙 커서 수입 김치를 막을 방법이 없어 중국산 수입 김치의 양은 늘어나지만 김치 자체의 인기는 그만큼 더 커질 것이라 생각된다.

지자체에서 독거노인이나 결손가정을 위해 대량으로 김장을 하는 모습은 잔칫집 구경을 하는 것 같았다. 자원봉사자들의 울력으로 만들어지는 김치는 결손가정으로 배달되는 모습이 참으로 맛깔스러웠다. 김장김치는 정을 나누는 음식이다. 주는 사람 받는 사람 모두가 즐거운 참사랑이다.

사찰에서의 김장 행사가 방송되었다. 속이 꽉 찬 알배기배추 200포기를 김치로 만드는 행사다. 중년의 스님들과 신도인 보살님들이 완전 무장을 하고 김장 행사를 시작한다. 대단한 행사다. 배추는 반으로 잘라 물통으로 던져 넣는다. 200포기 반으로 잘랐으니 400개가 물 위에 떠 있다. 시설이 대단했다. 씻고 소금으로 절이고 다시 씻고 김치 속 만드는 생채용 무가 크고 싱싱해 보이는데 잘라서 먹으면서 달고 시원하다는 모습이 그냥 잔칫집이다.

사찰음식은 육군이나 해군은 얼씬도 못하고 순수한 농군들만이 정성스럽게 버무려지니 담백하고 맛깔스럽다. 먹어본 사람은 사찰음식에 매료된다. 남자 신도들은 힘쓰는 일에 힘을 보태고 맛깔스러운 김치 재료에서부터 입을 보탠다. 겨울 한철 사찰을 찾은 신도들에게 음식 공양에 김치가 크게 한몫할 것을 생각하니 김장 잔치가 즐거워만 보인다.

김치는 맛이 잘 들면 시원한 맛과 함께 그 맛에 흠뻑 빠진다. 매운맛을 멀리하던 외국인들도 그 맛에 매료되는 것을 보면 신기한 생각이 들기도 한다. 김치가 들어가는 돼지고기 두루치기는 또 다른 명품 반찬이다. 돼지고기의 맛을 살리는 조미료가 되어 김치의 맛까지 배가된다.

삼겹살을 구울 때 김치와 짝을 지어 구우면 그 맛 또한 배가된다. 고기 맛도 김치의 맛도 따로 먹을 때보다 훨씬 좋아지는 것은 오랜 경험을 통해 요리법이 만들어졌지만 근본은 김치 맛이 아닌가 싶다. 김치가 외국인들에게도 가까이 가는 것을 보면서 세계적인 식품이 될 날도 있을 것이라 믿는다.

우리 집에서 인기가 있는 김치전은 김치의 변신이다. 생배추전처럼 김치를 한쪽씩 길게 부쳐서 찢어 먹는 재미도 맛과 버금간다. 잘게 썰어서 부치는 전도 맛은 있지만 찢어 먹는 재미가 아무래도 김치전의 진미라고 하고 싶다. 막걸리를 곁들이는 식탁이 풍성해진다.

김치의 변신이 어찌 이것뿐이랴. 국수를 먹을 때면 고명으로 올라앉은 김치가 먼저 입맛을 다시게 한다. 김치와 함께 먹는 국수가 한 사발 후루룩 목으로 넘어간다. 서민들에게 사랑받는 김밥에도 김치가 한몫한다. 김치김밥이 메뉴판 앞자리를 차지하는 것이 예사롭지 않다.

전통 있는 만두 메뉴에도 김치만두가 앞자리에 선다. 고기만두와 앞자리를 다툰다. 강원도에서는 메밀전에 김치를 둘둘 말아 놓은 전병이 지방 특식으로 사랑받는 음식이다. 이처럼 김치는 각종 음식에 조미 음식으로도 이름값을 톡톡히 하고 있다. 수백 년을 이어 온 우리의 김치가 자랑스럽다. 김치 예찬을 하면서 웃는 사진 한 컷 찍고 싶다. 김치!

설거지

식사 후 주방에서의 뒤처리는 빨리할수록 개운해진다. 식사 인원 수에 따라 잔뜩 쌓일 수도 있고 달랑 한두 개일 때도 있지만 깨끗하게 뒤처리를 하는 것이 전통적인 설거지다. 설거지 종류도 방식도 옛날과는 많이 변했다.

식기를 비롯한 주방기구부터 많이 변했고 음식도 서구화한 것부터 우리 한식도 육류를 많이 사용하면서 설거지도 복잡해졌다. 옛날에는 행주와 수세미만 있으면 일사천리였지만 지금은 기름기를 제거하려면 주방용 세제가 없으면 설거지를 할 수가 없다.

시대가 변하고 보니 설거지도 간단한 가정집 설거지부터 외식 재료를 만드는 기업형 공장까지 거기에 우리 주변에서 거추장스러운 것을 처리하는 설거지거리가 자꾸만 생겨나고 있다.

가정집 설거지는 행사가 있는 날을 제외하면 콧노래가 나올 만큼 쉽고 재미도 있다. 음식물 찌꺼기를 물로 씻어내고 그릇이 깨끗해지면 세제로 다시 한번 뒤처리를 하면 마음까지 헹궈지는 기분 즐거운 노동이다.

공장에서 돈가스를 만드는 과정을 보면서 세상이 많이 변하고 재미있다고 생각했다. 북한에서 밥 공장이라는 말을 할 때 웃어 넘겼는데 우리도 음식물 만드는 공장이 생기는 것을 보면서 언제 또 어떤 일이 생길지 알 수 없는 세상이다. 수없이 생겨나는 편의점에 가면 공장에서 생산된 맛있는 음식들이 저마다 데려가 달라고 쳐다보고 있다.

대규모 공장에서의 생산 과정은 거의 자동이어서 생산 과정을 지켜보는 것은 재미가 있지만 마무리는 역시 설거지다. 큰 공장에서의 생산은 여러 과정을 거치면서 자동공정이 대부분을 차지하지만 전 과정을 자동화할 수는 없고 사람의 손이 필요한 곳에는 위험도 따르고 있어 안전이 첫째로 보인다.

돈가스를 만드는 공정을 보여주는 공장은 생각보다 공정이 복삽하다. 거의 자동공정이지만 다음으로 이어지는 공정은 사람이 운반을 하니 잠시도 한눈을 팔 수가 없다. 너무 어렵고 힘든 과정이지만 열심히들 하고 있다. 우리가 먹는 음식이 많은 사람의 노력으로 만들어졌다고 생각하니 고마울 뿐이다.

자동공정으로 완제품을 만드는 공장에도 마지막에는 내일을 위해 깨끗하게 청소하는 설거지가 필수다. 설거지 과정이 힘들어 보인다. 뜨거운 물이 고압 살수 펌프를 통해 공장 곳곳에 뿜어지면 기름기까지 씻겨나가는 모습은 보는 것만으로도 시원하다. 설거지 과정은 전체 사람들이 모두가 힘을 모아 열심히 하는 모습이 그만큼 어려운 과정인 모양이다. 설거지가 끝나면 하루의 일과가 마무리되고 가족이 있는 집으로 즐거운 발걸음을 하는 행복한 순간인 것 같다.

가정집 설거지가 설거지의 기본이 되던 시대가 지나고 식당이나 요식업소에서의 설거지가 대종을 이루는 시대가 되었다. 수많은 업소에서 설거지를 책임지는 직원들 그들의 수효가 엄청나다. 옛날에는 없던 직종이 생겨나면서 가족의 생계를 설거지에서 찾는 많은 분들이 국민들의 위생까지 책임지고 있다.

업소에서의 설거지는 힘든 노동이지만 마음먹기에 따라서는 깨끗해지는 과정을 보면서 흥겨운 노래를 흥얼거리면서 즐기는 시간이 될 수도 있었으면 좋겠다. 가정집에서는 설거지가 힘든 과정에서 물러서는 시대가 되었다. 단체 회식 때는 외식을 하게 되고 그릇을 씻는 자동화기기까지 생겨 설거지가 쉬워졌다.

우리 집 설거지는 명절이 가장 복잡하고 힘들지만 누나들을 제쳐 놓고 아들들과 며느리들이 교대로 깨끗이 처리하는 것을 보면 흐뭇해진다. 결과가 깨끗해지는 설거지는 힘들어하지 않고 항상 웃으면서 하는 것을 보면 자식들과 함께 하는 시간이 마냥 즐겁다.

주말마다 찾아오는 딸들과의 만남은 기다려지는 시간이다. 맛난 음식을 만들어 먹기도 하고 외식을 하거나 배달음식을 시키기도 하지만 어떤 경우든 즐거워 주말을 기다린다. 집에서 음식을 만들어 먹을 때는 되도록 내가 설거지를 한다. 한 주 동안 일을 했으니 하루라도 힘을 덜어주려고 설거지를 하면 즐겁기만 하다. 이제는 익숙해져서 깨끗하게 씻어져 반짝반짝 빛나는 그릇들이 나를 보고 웃는 것만 같다.

설거지 종류가 많아졌다. 규모도 커졌다. 각종 공장에서 쏟아져 나오는 쓰레기를 치우는 것이 진짜 설거지다. 어디에서든 설거지는 결과가 깨끗하고 깔끔해서 힘들지만 즐거운 일이다. 가정에서 공장에서 매일 쏟아져 나오는 쓰레기는 설거지로 처리하기에는 힘겨워 사회문제가 되고 있다.

하지만 사람이 사는 곳이면 어디에도 설거지거리가 생기게 마련이다. 살기 좋은 세상이 되었다고 하지만 설거지를 해야 할 일은 많아지기만 한다. 농경 시대에는 쓰레기가 나오지 않으니 설거지는 식사 후 처리가 전부여서 간단하고 편했지만 그렇다고 그때가 좋았다고 할 수도 없고….

가정에도 공장에도 주방만 깨끗하게 치워지면 설거지가 끝났다고 생각을 했었는데 사회가 복잡해지면서 설거지가 끝이 없다. 당연히 설거지를 해야 하는데 할 수 없는 설거지도 있으니 언제 어떻게 해야 깨끗해질까.

가장 어려운 설거지는 인적 정리일 것이라 생각된다. 우범자나 범죄자를 정리하는 것이 국가나 사회를 위하여 꼭 필요하지만 사법기관이 있고 경찰이 통제를 해도 끝이 없다. 사회 전반에 퍼져 있는 부조리를 정리하는 것은 정말 어려운 설거지거리다. 사법기관

자체에도 교육기관에도 행정으로도 정리가 안 되는 골치 아픈 설거지는 아무리 해도 끝이 보이지 않는다.

  각종 종교단체에서 정신적인 선도로 깨끗한 세상을 만들려고 노력을 하고 있지만 역시 쉬운 일은 아닌 것 같다. 거창한 설거지는 잊어버리고 우리 집 설거지나 깨끗이 하고 즐겁고 화목한 가정을 이끌고 싶다.

어느 출판기념회

한적하고 조용한 식장이 품격을 높여주는 듯 참석하는 하객들의 품위가 돋보인다. 문학회 동인으로 먼저 축하의 인사부터 전하고 싶다. 평생 가슴에만 담아오던 꿈을 현실화했으니 그 기쁨이 오죽하랴. 하늘에 있는 별이라도 딴 기분이리라. 조촐한 행사가 품격에 맞는 아름다운 모임이었다.

요즘 문단의 분위기가 노년 등단자가 눈에 띄게 많은 것이 현실이다. 젊을 때부터의 꿈을 이런저런 이유로 미루어 두었다가 뒤늦게 문학에 대한 향학열을 젊은이 못지않게 불태우고 있는 것 같다. 오늘의 주인공도 예외가 아니다.

아픈 과거를 솔직하게 고백할 때는 안쓰럽기까지 했다. 초등학교도 정상적으로 나오지 못하고 건너뛰기로 몇 년 만에 졸업을 하고 성적이 우수한데도 상급학교 진학을 포기하고 홀로 계시는 어머니를 도와 농촌의 온갖 힘한 일을 하면서 그것이 올바른 효도라고 생각했는데 지나고 보니 후회스럽다고 했다. 당시에는 초등학교 졸업하면 바로 사범학교에 가서 졸업하면 선생님이 되는 시대였는데 잘못 생각한 것이 한스러운 것 같았다.

그러나 어찌하랴! 모두가 지나간 일인 것을….

늦었지만 문학에 입문, 등단이란 어려운 관문도 통과했고 연말에는 영광스럽게도 문학상까지 타는 행운도 경험했다. 그러나 책 출판까지는 생각도 못했는데 용감하게도 일을 저질렀다. 등단하고 여러 해가 지난 문인들도 책 출판은 망설이고 있는 것이 솔직한 현실이다.

세상에 자기 글을 활자화해서 발표한다는 것은 엄청난 용기와 결단이 필요하다. 작품 한 편을 문학지에 올리는 것도 누가 어떤 평가를 할까 조심스러운데 하물며 책을 출판한다는 것은 정말 어려운 일이라고 생각된다.

등단이 일천하고 공부도 독학을 하다시피 했으니 뛰어난 작품집을 낼 것이라 기대하는 것은 과욕이 아닐까. 작품 내용과 상관없이 용기에 박수를 보내고 싶다. 용기 있는 자는 언젠가는 훌륭한 작품집을 낼 수 있을 것으로 기대한다.

우리 문학회에 또 다른 동인은 3, 4년간 매년 작품집을 내고 있다. 해마다 작품의 내용이 더 좋아지는 것 같아 박수를 보낸다. 생의 후반기에 열정들이 대단하다. 그저 부러울 뿐이다. 젊은 사람들 못지않게 책과 씨름하고 있는 노익장을 칭찬해 주고 싶다.

가까운 친인척과 지인들을 초청한 식장은 많은 사람이 참석해 북적이는 자기 이름을 과시하려는 유명인들의 모임과는 달리 조촐

하지만 아주 보기 좋은 모임이었다. 당사자의 기뻐하는 모습이 무척 인상적이었고 가족들을 한 명 한 명 앞으로 불러 하객들에게 소개하는 모습은 화목한 가정을 널리 알리는 모임 같아 이런 행사를 준비한 효과가 십분 발휘되는 것 같았다.

내친김에 참석자들 모두를 소개했다. 가까운 친인척들 기립 인사를 한 명씩 시켰다. 호명되는 사람들의 기분이 좋아 보여 전체 분위기도 한결 부드러웠다. 단체 소개도 빼놓지 않았다. 성당에서 오신 교우들, 친목 모임에서 참석하신 회원들, 우리 문학회 회원들도 소개되었다. 단체 소개 때의 기립 인사는 어쩐지 조금은 어색했다. 하지만 마지막 순서가 백미였다. 손자의 할머니 시 낭송 순서. 할머니가 쓴 시 중 자기가 가장 좋아하는 시라면서 낭송을 하고 이 시는 친구들에게 자랑도 했고 칭찬도 받았다고 했다. 누가 어떻게 생각하든 손자에게 명시인 대접을 받은 오늘의 주인공은 명시인이 된 기분일 테고 참석한 하객들도 박수로 화답했다.

식순의 마지막으로 축가 순서가 있었다. 맨 먼저 딸인지 손녀인지 축가가 시작되었다. 오늘을 위해서 준비를 많이 했을 텐데도 너무 지루했다. 경험 부족 탓이리라. 길고 긴 노래는 좀처럼 끝이 나지 않았다. 잘 나가던 행사가 무너지는 느낌이었다. 그렇게 긴 노래는 처음 들어봤다. 다음 순서는 며느리였다. 첫 번째 지루했던 탓인가 이제야 정상적인 축가를 들은 기분이었다.

마지막 세 번째 축가 순서, 성당에서 오셨다는 명가수다. 음색도

195

곱고 음량도 풍부하고 정말 속이 시원하고 하객들에게 기쁨을 주는 아름다운 노래를 열창했다. 오늘의 행사를 축하하는 축가는 오래도록 기억에 남을 것만 같았다.

제법 긴 1부 행사가 끝나고 식사와 담소 시간이었다. 식사 시간은 언제나 즐겁다. 자유스러운 담소 시간은 음식 맛을 한층 더해준다. 한 달에 두 번 정기적으로 만나는 문학회 회원 중에 연속 두 번 빠진 동료는 오랜만에 만나는 것 같아 더욱 반가웠다.

출판기념회 얘기는 가끔 들어왔고 매스컴을 통해서는 비난받는 얘기도 자주 들어왔다. 각종 선거에 출마하는 당사자 중에는 남이 대필한 글을 자기 이름으로 출판을 하고 선거자금 모금을 위해서 출판기념회를 한다고 하니 한심한 일이 아닐 수 없다. 진짜 좋은 작품으로 독자들을 즐겁게 해주는 값진 출판회가 없는 것도 아니지만 흔치 않은 것 같다.

책이 세상에 나오기 바쁘게 팔려나가는 베스트셀러 작가의 값진 출판회가 있는가 하면 돈을 모으기 위한 저질 출판회도 있고 한 달에도 천여 권이 넘는 신간들은 출판회라는 요식도 거치지 못한 채 대부분 주변 친인척이나 지인들에게 무료로 나누어주는 것이 오늘의 출판계의 현실이다.

오늘의 당사자는 솔직히 고백했다. 일생 동안 살아온 한을 담았다고 했다. 시에도 산문에도 이루지 못한 한과 겪어 온 고생담을 담았다고 했다. 칠순의 중반까지 살아오면서 겪은 세파를 하나하나 글로 남기고 싶었다고 했다. 어린 나이에 어머니를 도와 지게를 지고 무거운 짐을 운반한 일이며 가고 싶은 상급학교를 포기한 일 등 일일이 셀 수 없는 쓰린 과거를 담았다고 했다.

왜 아니겠는가. 그동안 살아온 세월이 얼마인데, 살아오는 동안 깊은 강도 건너야 하고 높은 산도 넘어야 하는 것이 인생사 아니던가. 매서운 눈보라도 험한 비바람도 헤쳐나가야 할 때가 한두 번이 아니었으리라. 모든 한을 책 속에 담아 이 세상에 왔다 간 흔적을 남기고 싶었다고 하니 소원 성취를 했다고 생각된다.

장하십니다. 글의 내용이 조금 부족하면 어떻습니까. 첫술에 배부를 수야 없지 않습니까. 하고 싶은 얘기를, 쌓인 한을 토해 냈으니 얼마나 시원하시겠습니까. 용감하십니다. 아무나 쉽게 할 수 없는 용기를 보여주셨습니다. 오늘의 이 용기를 십분 살려 열심히 정진하시면 멀지 않은 앞날에 베스트셀러 작품이 나오지 않을까 기대가 됩니다. 힘내십시오.

손수건

 몸에 지니는 물건 중 작지만 꼭 필요한 것이 손수건이다. 나는 십수 년 전에 아내가 마련해 준 것을 보물처럼 아끼고 잘 건사한다. 어디서 구했는지 크기도 적당하고 순면 수건인데 백색과 연초록 연분홍 삼색으로 예쁜 무늬가 적당하게 놓여 있고 아름다운 다섯 장 세트로 되어 있어 애지중지한다.

 면이 아닌 화섬사로 된 아름다운 손수건도 있지만 사용하지 않고 보관만 하고 있으니 골동품 취급을 받고 있어 가끔 쳐다보면 아깝다는 생각이 들 때도 있지만 역시 손수건은 땀 흡수가 좋은 순면을 따를 제품이 없다.

 손수건은 작지만 용도는 다양하다. 손에 들고 다니거나 손을 닦을 때 가장 자주 만지작거리니 손수건이다. 남녀 구분 없이 가장 가까이하고 항상 소지하고 있으니 사랑받는 애장품이다. 특히 젊은 여성들의 손수건에는 향기가 넘쳐난다. 화장품과 함께 생활하고 있으니 당연하다고 할 수도 있지만 몸 관리가 특별한 세대에게는 손수건의 용도가 더욱 다양하기도 하다.

이마에 땀이 송골송골 올라오면 예쁜 손수건으로 콕콕 찍어 땀을 닦는 모습은 아름답기만 하다. 전철 안에서 화장을 고칠 때 손수건의 힘을 빌리기도 하고 동행인의 옷에 이물질을 털어 줄 때도 가볍게 사용하는 것을 보면 천사의 몸짓이다.

남자들도 중노동을 하는 사람이 아니면 손수건이 꼭 필요하다. 이마에 약간의 땀만 나도 닦아야 개운하다. 눈이 찝찝할 때도, 가끔씩 입을 닦을 때도 손수건이 해결해 준다. 대중교통을 이용할 때 휴지를 준비 못 했을 때도 급하면 손수건의 힘을 빌리면 그렇게 요긴할 수가 없다.

하루에 한 번씩은 빨아야 하는 빨래가 손수건이다. 항상 만지고 생활하니 세탁기의 힘을 빌릴 빨래도 아니고 그냥 세면대에서 간단한 손빨래면 해결된다. 두 손으로 조물조물 비누칠만 하면 귀여운 빨래가 깨끗해진다.

오랜만에 만나 회포를 푼 지인들과 헤어질 때도 손만 흔들기보다 손수건을 흔들면서 전송을 하면 한결 친근감이 두터워진다. 손수건의 힘이 돋보이는 멋스러운 순간이다. 예쁜 손수건이라면 자랑도 할 겸!

군에 입대하는 오빠를 전송하는 시골 누이들이 손수건을 흔들면서 눈물을 흘리던 모습은 가끔 볼 수 있는 풍경이었는데 이제는 볼 수 없는 옛날이야기가 되고 있다. 시골 처녀들이 손수건에 예쁜 수를 놓아 오빠들에게 선물하던 일도 아름다운 모습이었는데 아주 옛날 풍습이 되고 말았다. 작은 물건이지만 손수건을 선물 받으면 가슴 가득 행복했었다.

  정장을 많이 하던 시절에는 왼쪽 가슴 작은 주머니에 하얀 손수건을 삼각으로 접어 꽂아 놓으면 정말 멋스러웠었는데 요즘은 그런 유머러스한 멋쟁이도 볼 수 없는 어쩌면 조금은 각박한 세상이 되어 가고 있다.

  손수건은 그리움이 있고 정이 살아 있는 생물 같다. 옛날 연락선을 타고 이민 가는 부둣가에서 이별을 지켜보던 사람들은 모두가 슬픈 모습이었다. 보이지 않을 때까지 손수건을 흔들던 모습은 그리움으로 살아야 할 앞일이 가슴을 에는 듯한 아픔이 되어 결국은 손수건을 적시고 말았으니 지난날의 아픔이었다.

  수많은 사람이 운집하는 경기장에서도 손수건은 제값을 한다. 열광하는 팬들의 응원은 경기장을 들먹일 만큼 함성이 대단하다. 손을 흔들기도 하지만 손수건을 흔드는 모습은 조금은 더 열광적이다. 거기에 한술 더 떠 윗옷을 벗어 흔드는 열광 팬들도 있다. 손수건은 땀을 닦기도 하고 흔들기도 하고….

  반세기 전 시골 생활을 청산하고 서울로 이사를 할 때 이웃에 살던 누이동생이 이별을 슬퍼하던 그때가 생각나면 지금도 가슴이 아리다. 이사 준비에 며칠씩 일을 도우면서 우리 집에 살다시피 했었는데 막상 떠나는 날에는 눈물을 보이고 말았다. 마지막 길에서 보이지 않을 때까지 손수건을 흔들던 그 모습, 지금도 내 가슴을 아프게 한다.

누이가 흔들던 손수건 영원히 잊을 수 없는 그리움이다. 지금도 매일 만지는 손수건을 볼 때마다 누이가 흔들던 손수건이 아른거린다. 서울로 이사를 하면서 다시는 볼 수 없을지도 모른다는 생각에 더욱 가슴이 아팠는지도 모른다.

세상사는 알 수 없는 요지경이다. 그때 헤어진 누이동생이 나의 외사촌 동생과 결혼을 하게 되어 가끔 만날 기회가 생겨 그리움을 해소하면서 살아왔다. 누이가 병약하여 서울대병원에서 대수술을 받았을 때 우리 집에서 오랫동안 안정을 하기도 하여 가족처럼 지내면서 아이들이 친고모로 알기도 했었는데 칠순을 넘기지 못하여 두고두고 그립기만 하다.

어제도 오늘도 아침 산책을 나가기 전 습관처럼 보관 서랍을 열어 손수건을 챙긴다. 오늘은 무슨 색을 들고 갈까 선택 받은 손수건을 집어 들면 사 준 사람을 먼저 생각하게 된다. 작은 물건이 진하고 질긴 사랑의 끈을 이어가게 한다. 수많은 나날 한결같이 그리워하게 만드는 손수건이다.

연분홍 손수건을 챙겨 나가는 날은 젊은이가 된다. 몸도 마음도 가벼운 생각으로 하루를 시작한다. 젊은 사람들과의 모임이면 조심스러워 손수건에 향수라도 뿌리고 가고 싶을 만큼 신경이 쓰여 젊음이 부럽기만 하다. 예쁜 손수건을 지참하는 것은 나도 젊어지고 싶은 풍선일까.

뚱딴지

생소하지만 조금은 재미있는 단어다. 생각지도 못했던 말이나 행동을 하면 뚱딴지같다고 했으니 어쩌면 다정한 단어일지도 모르겠다. 그런 단어가 식물의 이름이 되고 보니 참으로 생경스럽다.

아주 옛날 시골에서 성장할 때 돼지감자라는 식물을 보면서 자랐다. 이 식물은 정상적인 농토가 아닌 텃밭 한쪽 구석이나 불모지 같은 곳에 심어져 있었는데 키가 1미터 이상 크고 거름을 주지 않아도 잘 자라며 감자나 고구마처럼 뿌리 식물인데 사람은 먹지 않고 돼지 사료로 사용한다고 돼지감자라고 알고 지냈는데 실제 뿌리는 나중에 방송에서 처음 보았다.

감자나 고구마처럼 매끈하지도 않고 울퉁불퉁 못생겨 누군가 뚱딴지라고 불러서 이름이 되었는지도 모를 일이다. 지금 표준어를 쓰는 서울에서도 돼지감자와 함께 쓰이고 있으니 참 재미있는 이름이다.

사람들에게 철저하게 천대받던 돼지감자가 식품 취급을 받는 날이 올 줄을 누가 감히 상상이나 했을까. 내일 일을 모르는 것이 세상사이기는 하지만 상전벽해나 천지개벽이란 말이 생긴 것도 우연이 아닌 필연이 되고 있다.

 10여 전 문학회 모임에서 충북 단양으로 문학기행을 다녀온 적이 있다. 충주댐으로 생긴 충주호에 유람선을 띄워 청풍명월 관광을 즐기던 시절, 충주 땅에 댐을 막았지만 호수의 대부분이 단양 땅이어서 청풍명월 관광은 당연히 단양을 찾아 유람을 즐겼기에 잊을 수 없는 추억이다.

 춘천에서 출발 단양을 찾아가는 길은 높은 산을 넘는 험한 길도 즐거운 마음으로 가슴 부풀었다. 비행기를 탄 기분으로 저 아래 계곡에 있는 집들이 성냥갑처럼 보여 약간은 무섭기도 했던 여행이었다. 어렵게 청풍명월 관광선을 타는 선착장에 도착했지만 오늘 승선 인원은 마감이라 해서 내일로 미룰 수밖에 없었던 안타까움. 지금도 생각하면 가슴이 찡하다.

 유람선 승선을 포기할 수밖에 없어 점심 식사를 위해 식당을 찾아갔는데 늦어서인지 손님은 우리밖에 없어 약간은 쓸쓸했는데도 맛난 식사를 할 수 있었다. 밥상에 올라온 반찬이 모두를 놀라게 했다. 생전 처음 먹어보는 식사를 하게 되었다.

 돼지나 먹던 뚱딴지가 깍두기가 되어 밥상에 의젓하게 올라 있다. 맛부터 보라는 주인장의 말에 먹어본 일행 모두가 놀라는 모습이었다. 무 깍두기와 비슷한 모양이지만 맛이 일품이었다. 음식 솜씨가 문제겠지만 생각지도 못한 맛이었다. 새콤달콤하게 맛이 든

깍두기의 아삭한 식감이 모두를 놀라게 했다.
참으로 묘한 맛이었다. 누가 어떻게 밥반찬으로 만들 생각을 했는지 먹으면서도 신기하기만 했다. 생강처럼 생긴 뚱딴지를 손질하기도 쉽지 않았을 텐데 고급 반찬이 되어 손님 밥상에 오르는 영광. 누가 개발했을까.
반찬 중에 제일 귀한 대접을 받아 몇 접시를 추가 주문하는 생각지도 못한 뚱딴지 깍두기의 등장이었다. 뚱딴지는 생강처럼 생겨 손질하기가 쉽지 않아서인지 그 후로 어디에서도 그 깍두기를 먹을 수가 없었다.
세상은 넓고 넓어 뚱딴지처럼 쓸모 있고 좋은 것도 어딘가에 있을 법도 한데 찾지 못하여 사장되고 있을 수가 있다는 생각이 들 때면 내일이라도 그런 귀중한 상품이 개발되었으면 하는 기대를 하게 된다.
숨은 인재를 발굴하는 것도 어려워 우리 시대에 꼭 필요한 일도 희망사항에 그치고 마니 뚱딴지처럼 어느 날 우리 앞에 새 세상을 열어갈 지도자라도 나타나기를 기다린다. 엉뚱하게도 가끔씩은 종교 지도자가 나타나 새 세상을 열어가겠다고 하지만 혹세무민하는 사이비가 대부분이다.
어느 날 큰딸이 회사 친구로부터 선물을 받았다면서 비닐봉투에 담긴 돼지감자 말랭이를 가져왔다. 아빠가 차로 끓여 먹으면 고혈압에도 당뇨에도 특효라고 하여 가져왔으니 정성껏 끓여 드시란다.
호박 말랭이처럼 납작납작하게 썰어 깨끗하게 말린 것이 한눈에 정성이 많이 들어간 것처럼 보인다. 처음에는 깍두기는 별미였지만 차로 마시면 어떨까 반신반의했다. 조금만 두고 가면 먹어보겠다고 했지만 봉투를 그냥 두고 갔다. 딸의 성의를 생각해서라도 열심히 먹어봐야겠다.

조그만 냄비에 큰 컵 세 잔의 물을 부어 끓이면서 반 주먹 정도의 돼지감자 말랭이를 넣고 10여 분 끓여 물잔 가득 담아 조금씩 먹어보니 뜻밖에도 맛이 일품이었다. 둥글레차 맛과 비슷하면서도 구수한 맛이 어떤 차보다 사랑받게 되었다.

뚱딴지 차 맛이 이렇게 내 입맛에 맞을 줄이야, 딸에게 핀잔을 듣게 생겼다. 칭찬을 받을 일로 잔뜩 기대를 하고 가져왔는데 반응이 시큰둥했으니 실망이 컸으리라. 뒤늦게 입맛에 맞는다고 하면 항상 뒷북친다고 쓴소리 하게 생겼다.

뚱딴지 말랭이 두고 간 지 한 주일, 그동안 매일 끓여 놓고 오전 오후 한 잔씩 열심히 먹고 있다. 갑자기 뚱딴지 애호가가 되었다. 여러 종류의 국산 차를 마셔 봤지만, 입맛에 맞지가 않았는데 약용으로 열심히 사용하라고 했지만 약용 아닌 기호품으로 열심히 마시게 생겼다.

뚱딴지, 이름에 걸맞게 장기간 복용을 하게 되면 분명 내 몸에 변화가 올 것만 같다. 엉뚱하게도 약국 약을 먹지 않아도 될 날이 올 수도 있다는 희망을 가져 본다. 돼지감자면 어떻고 뚱딴지면 무슨 상관인가. 내게 맞는 명약이기를 기대하면서 오늘도 두 잔을 감사히 마셨다.

복중에 날벼락

　생각지도 못했던 어려운 일을 갑자기 당하게 되면 날벼락이라고 한다. 초복을 며칠 앞둔 어느 날 처남 가족과 공기 맑고 경치 좋은 남양주 어느 식당에서 점심 약속이 있었다. 처남의 딸이 남편의 직장을 따라 멀고 먼 남미에 가면 2년이 지나야 휴가로 올 수가 있기 때문에 인사차 점심 대접을 하겠다고 초대를 해서 반갑게 만나 오찬 시간이 참으로 즐거웠다.
　남양주 축령산 근처에 살고 있는 처제 집으로 장소를 옮겨 반가운 대화를 나누던 중 내 다리에 생긴 상처를 본 처남댁이 깜짝 놀라면서 이건 보통 종기가 아닌 무서운 봉와직염 같다고 해서 처음 들어보는 병명에 어리둥절 자세한 설명을 들었다.
　처남댁 얘기인즉 외손자가 다리에 종기가 생겼는데 심한 통증을 호소해서 다급하게 대형병원 응급실을 찾았더니 무서운 봉와직염이라고 하면서 일주일간 입원하여 가급적 움직이지 않고 치료를 해야 한다면서 움직이면 치료가 어렵고 염증이 신체 다른 부위로 전이 될 수도 있어 빠른 치료가 필수라고 했으니 빨리 병원으로 가야 한다고 독촉을 했다.

처남의 딸이 우리 딸들과 통화를 하여 우리 집과도 멀지 않고 큰딸 집과 가까운 수원의 병원에 가기로 하였다. 거기까지 먼 길인데도 나를 데려다주겠다고 하여 그 차편으로 편하게 수원까지 가면서 너무 고맙다는 생각이 들어 어려운 때일수록 친인척의 중요성을 새삼 느끼기도 했다.

수원의 피부과 전문병원에서 봉와직염이라는 진단을 받고 발병 원인은 공원 같은 곳에서 벌레에 물릴 수도 있고 무좀이 있는 사람은 발병의 원인이 될 수도 있다면서 함께 치료하는 것이 좋을 것 같다 하여 생각보다 어려운 치료 과정이 시작되었다.

첫날 갔을 때는 상태를 조금 두고 보자면서 먹는 약만 처방해주었는데 3일 지나가니 곪았다면서 피부를 찢고 고름을 짜는데 아팠지만 참을 만했다. 이때는 상처 부위를 만지기만 해도 아팠는데 힘껏 눌러 고름을 짜는데도 고칠 수 있다는 생각에 아픈 시늉도 하지 않고 잘 참았다.

평범한 종기인 줄 알았던 상처가 처음 들어보는 병명에 무서운 병이라고 하니 이때가 날벼락이라는 단어가 딱 맞아떨어지는 것 같았다. 평범한 종기 정도는 소독약으로도 치료가 잘 되는 체질이라고 믿고 있었는데 이번에는 병원 출입이 직장에 출근하다시피 장기간이니 심신이 고통스럽다.

처남의 손자는 통증이 심해 병원 응급실을 통해 입원을 했는데도 1주일 입원 치료로 완쾌되었다는데 나는 아주 초기에 병원을 찾았는데 몇 주가 지나도 완치가 안 되어 걱정을 했더니 노인들은 젊은 사람들과 달리 치료가 늦어진다면서 치료가 잘 되고 있으니 걱정말라고 안심시켜 주었지만 계속 불안했다.

걱정 말라고 했지만, 무좀 치료와 함께하니 고생이 보통이 아니었다. 무좀 치료는 먹는 약과 동시에 발에 바르는 약이 필수여서 약을 바르고 움직이려면 양말을 신어야 했기에 치료 기간 3주 이상을 밤낮으로 양말을 신고 사는 것이 무엇보다 고통스러운 치료였다.

치료 기간 내내 찌는 듯한 복더위에 이중으로 고생을 하고 보니 언제 어떤 일이 생길지 모르는 앞날이 무섭고 걱정스러웠다. 남들은 복중에 시원한 계곡이나 바다에 가서 물놀이에 신이 나는데 고약한 병과 싸우느라고 고생하는 것이 원망스럽기만 했다.

날씨가 무더우니 춘천에서의 여름나기가 그립기만 하다. 산으로 둘러싸인 춘천은 골짜기도 많고 물의 도시답게 골짜기마다 시원하고 맑은 물이 사람들을 불러 모은다. 어디를 가도 사람도 많지 않고 시원하고 쾌적한 환경 너무나 좋았던 지난날이 어제 일처럼 다가온다.

금년 여름은 괴롭고 힘들게 보내고 있으니 오래도록 잊을 수 없는 명예롭지 못한 한 해가 될 것만 같다. 세상에는 즐겁고 행복한 일로 추억거리가 될 일도 많고 많은데 하필이면 고약한 병이 찾아와 나를 괴롭혔으니 액땜이 되어 앞으로는 좋은 일만 있기를 바라고 기대할 뿐이다.

　기대는 기대일 뿐 봉와직염 치료가 끝나고 일주일이 지난날부터 머리가 아프기 시작했다. 하루에 한두 번씩 가벼운 통증이 괴롭히더니 한 달이 지난 어느 날에는 여러 차례 통증이 계속되어 힘들었는데 일요일인 다음 날에도 증상이 개선되지 않아 고민이 깊어졌다.

　주말 이틀 동안 딸들과 함께 있었지만 심한 통증은 아니었기에 아무 일도 없는 것처럼 지냈다. 월요일 동네 병원에라도 들러 의사의 설명을 먼저 들어보기로 했다. 오후 병원이 조용한 시간 병원을 찾아 자초지종을 얘기하고 의사의 소견을 들어보기로 했다.

　의사의 소견은 머리가 아픈 것은 내과 소견이 아니어서인지 진통제 정도는 처방해 줄 수 있지만 병명은 큰 병원에서 사진을 찍어봐야 정확할 것 같다면서 그런 절차를 거치려면 비용도 많이 들고 복잡하여 시간도 많이 걸리는, 생각보다 힘든 일이라고 했다.

　그동안은 별일 없이 좋은 세상을 살아왔는데 복중에 거듭 날벼락인 것 같다. 찜통더위에 밤잠까지 설쳐야 하니 금년 여름이 병과의 한판 씨름을 해야 하는 사주팔자가 아닌가 싶다. 팔자에 정해진 액운이라면 내일 맑은 날이 되기를 기다릴 뿐이다.

　날벼락 같은 황당함을 거푸 경험했으니 이제는 좋은 벼락을 경험할 수는 없을까. 언감생심 돈벼락 같은 것은 꿈도 꾸지 않지만 벼락치기로 좋은 소식이라도 접할 수 있다면, 날벼락 같은 것은 잊어버리고 오늘 밤 좋은 꿈을 꾸고 싶다.

디-ㅇ동댕

  디-ㅇ 멀리 산사에서 들려오는 종소리가 너무나 평화로웠다. 극락세계에 들기 전 이승에서 들어보는 가장 행복한 소리가 아니었나 싶었다. 사찰에서 들려오는 종소리는 평범한 종소리가 아니었다. 사부대중의 마음을 어루만져 근심 걱정을 덜어주는 부처님의 자비의 소리였다.
  부처님의 자비의 소리가 울려 퍼질 때 두 손을 모아 기도하며 감사하던 사부대중들의 모습이 보이는 듯하다. 며칠 만에 한 번씩 울리는 사찰의 종소리가 행복을 전하는 평화의 소리였는데 언제부터였는지 조용해졌다. 사찰을 찾아도 들을 수가 없다. 처마 끝에 풍경 소리만이 정적을 깨고 있다.
  도시에서 종소리가 들리기 시작했다. 성당에서 교회에서도 디-ㅇ 동 딩동 종소리가 주말 아침이면 시민들의 늦잠을 깨우기 시작했다. 복음을 전한다는 종소리가 싫지가 않았다. 신도들은 저마다 성경책을 옆에 끼고 교회를 찾아 기도를 하고 지난 한 주 무사함에 감사하고 다음 한 주가 무사하기를 기도하면서 편안한 마음으로 다음 한 주를 시작했다.

참으로 행복하고 평화로운 종교 생활이다. 개신교의 전도 활동은 많은 시민을 교회를 찾게 했고 대형교회들이 생기게 되면서 자연스럽게 개척교회들이 우후죽순 생기면서 부작용이 생기기 시작했다. 교회들끼리 경쟁을 하면서 새로 생기는 아파트 단지에는 개척교회 몇 개씩은 기본적으로 문을 열고 종소리도 더 크고 멀리 들리도록 확성기를 설치하여 아름다운 복음의 종소리가 소음으로 변질되어 시민들의 짜증으로 민원을 일으키는 단초가 되었다.

개신교들은 성경의 해석으로 파가 갈리면서 수많은 종파가 생겨 신도 포섭에 생존을 걸면서 신도 수효로 힘을 과시하게 되어 대형교회들은 수십만 명의 신도로 자금력까지 대단하여 교회도 대형으로 신축하고 신문사를 차리는가 하면 수백억 대의 자선사업을 하는 교회까지 생기는 놀라운 성장세에 할 말을 잊을 지경이다.

좋은 의미로 생긴 종이 소리를 내지 못하는 참담한 현실이 안타깝다. 성스럽던 종소리가 소음으로 시민들에게 배척을 당하면서 깊은 산속 사찰까지 소리를 내지 못하게 되어 멀리 신라 시대부터 전해 내려오는 종도 벙어리가 되었으니 이 병은 누가 어떻게 고쳐야 한단 말인가.

주택가와 멀리 떨어진 산속 사찰이라도 타종 금지를 해제했으면 좋겠다. 깊고 먼 산속 사찰에서 울려 퍼지는 은은한 종소리가 정말 그립다. 선덕여왕 신종이라면서 타종하는 종소리를 방송에서 들어도 산속에서 들려오는 그윽한 종소리처럼 마음에 울림이 오지 않는 것은 왜일까. 가슴 밑바닥에서부터 느껴지는 사찰 종소리가 듣고 싶어 목이 마르다. 사찰 경내를 거닐면서 들어보는 풍경 소리도 마음을 편안하게 해주는 명약 같았는데 사찰 순례가 그립다.

종파가 많은 개신교계가 지나친 경쟁으로 사회적 폐해를 끼치는 일까지 있었다. 사이비로 사회적 뭇매를 맞는 종파가 있는가 하면 대구의 대형교단에서는 코로나 초기에 국민들로부터 지탄을 받는 안타까운 일까지 생각하면 종소리를 들을 수 없는 정도는 별일 아닌 것 같지만 멀리 신라 시대부터 전해 온 국민들의 마음을 행복하고 평화롭게 해주던 종교적 소리라고 생각하면 그냥 종소리가 아닌 것 같아 안타까움을 지울 수가 없다.

디-ㅇ 하고 울리던 장음의 사찰 종소리는 귀로 듣지 않고 마음으로 듣던 성스러운 소리였는데 그리워하는 사람이 나하나 뿐일까. 디-ㅇ동 하고 울리던 교회 종소리도 참으로 아름다웠는데 어찌하여 소음으로까지 가게 되었을까. 지나치면 모자람만 못하다는 말을 실감하면서 아쉬워한다.

저녁 일곱 시가 되면 어김없이 들려오는 반가운 소리 딩동댕, 종소리보다 더 아름답고 반가운, 세상에 하나뿐인 귀중한 소리, 마음에 평화를 주는 소리, 매일 안부를 확인하는 큰딸의 전화다.

시간이 되기 전부터 기다린다. 하루같이 들려오는 소리지만 기다리는 마음은 조금씩 다르다. 조바심이 나는 날이 있는가 하면 가슴이 뛰는 날도 있고 심하면 가슴이 울렁거리기도 한다.

저녁마다 보내주는 고요를 노크하는 행복의 소리. 세상에 많고 많은 소리 중에 딩동댕, 이 소리가 나를 기쁘게도 하고 즐겁게도 해주고 하루의 피로를 풀어주기도 한다. 아름다운 소리는 아무 때나 어디에서나 들을 수가 있는 소리가 아니어서 언제까지 이 소리만을 들으면서 살고 싶다.

저녁마다 들려오는 정겨운 소리는 졸졸졸 흐르는 개울물 소리 같기도 하고 깊은 산속에서나 들을 수 있는 새소리 같기도 하다. 나 혼자 들을 수 있는 세상 어떤 소리와도 비교할 수 없는 특별한 소리다. 언제부터인가 딩동댕 울리면 노랗게 웃고 있는 민들레꽃이 보이기도 하고 하늘하늘 가냘프게 흔들리는 코스모스가 웃음을 보내는 것 같기도 하다.

지천으로 피던 꽃들이 자취를 감춘 7월 중순, 찌는 듯한 더위 속에 배시시 웃고 있는 배롱나무꽃이 올해도 나를 찾아왔다. 꽃이 피기 시작하면 백일 동안 아름다운 모습을 보여주겠지! 진분홍 아름다운 꽃들이 인사를 하는 시간 딩동댕 소리와 함께한다면 행복의 하모니가 될 것 같다.

봄철에서 여름까지 아침 산책길에 노랗게 웃으면서 반갑게 맞아주던 민들레가 쉬는 동안 달맞이꽃이 아침 산책길을 마중한다. 야생화들이 이렇게 아름다울 수가 있단 말인가. 노란 웃음을 반갑게 받아들인다. 밤이면 활짝 피었다가 낮에는 꽃잎을 닫는 꽃들이 아침 산책길에 웃는 모습으로 나를 마중하는 꽃들이 너무 귀엽고 예쁘다. 딩동댕 소리가 예쁜 꽃들과 어울린다면 금상첨화가 되지 않을까.

　예쁜 꽃들이 향기까지 품고 있으니 많은 사람이 좋아하고 사랑하는 것이 어쩌면 당연하다고 할까? 눈에 보이지도 않고 냄새도 없는 소리는 왜 좋아할까? 소리는 천둥 번개처럼 무서운 소리가 있는가 하면 소음으로 사람들이 싫어하는 소리도 있지만 아기를 잠재우는 자장가처럼 아름다운 소리도 많다. 아름다운 노래나 악기 소리 같은 음악 소리는 즐겁기만 하다.

　저녁마다 들려오는 딩동댕, 내가 느끼는 소리는 유별하다. 소리에도 꽃처럼 아름다움이 있고 진한 향기도 있다. 어디에도 비교할 수 없는 아름다움이 있고 세상 어떤 향수보다 더 진한 향기가 있다. 아름답고 향기로운 소리가 어제도 오늘도 나를 즐겁게 해준다. 딩동댕 내일도 기다리는 소리다.

친절과 이해

집 가까이 학교 앞에 있는 편의점이 이름만큼이나 이용하기가 편하다. 학생들만큼 자주 이용하지는 않지만 가까워서 나를 편하게 해주는 단골가게가 된 것 같다. 편의점 물건이 소포장 소액이라 비싸지만 비싼 것을 느끼지 못한다. 세상은 서로의 편의대로 흘러가고 있다.

대포장 꾸러미로 판매되는 빅 마켓이 있는가 하면 대형 마트에는 없는 것이 없는 만물상이어서 편리하기로는 더할 것이 없는 곳이지만 모든 사람을 만족시키지는 못하는 것을 보면 세상은 큰 것도 작은 것도 함께 살아갈 수 있는 오묘한 곳이기도 하다.

편의점은 소형 점포에 소포장의 작은 물건들만 판매하지만 1, 2인 가구가 늘어나면서 그 인기가 하늘을 찌르고 있다. 빅 마켓이나 대형 마트에서 취급하지 않는 한두 사람이 한 번 먹을 만큼 소포장 소액 상품은 가격이 많게는 50% 가까이 비싸지만 금액으로 1000원짜리 1500원이니 가격보다 편리성을 더 따지는 세상이 되어 편의점의 문턱이 점점 낮아지고 있다.

　대형 점포들과는 달리 편의점은 동네 어디에나 점포를 열 수가 있고 아파트 정문이나 후문 어디든지 열 수가 있어 주민들과 접촉이 쉬워 그 편의성이 배가되고 있다. 갑자기 김치찌개가 먹고 싶은데 찌개 두부가 필요할 때 가까운 편의점은 약방에 감초가 된다. 꼭 필요한 단골 가게가 편의점이다.

　대형 마트에서 1300원인 찌개 두부를 2000원에 판매하지만 꼭 필요할 때 비싸다고 생각하는 사람은 없는 것 같다. 만약 편의점이 없어 마트까지 가야 한다면 수고는 두고라도 차량 기름 값만 따져도 편의점 이용이 얼마나 현실적인가 두말하면 잔소리가 될 듯하다.

　푼돈 수준이던 편의점들의 약진에 대형 마트들이 화들짝 놀라 소포장 상품들을 개발했지만 소포장 상품 자체가 주민들과 가까이에서 급하게 필요할 때 사용하기 때문에 편의점 상품이 주민들과 가까워질 수밖에 없는 것 같다.

　편의점은 소형 점포이기에 소자본으로 누구나 열 수가 있어 기하급수적으로 점포 수가 많아진 것 같다. 체인점이 많은 모 업체는 그 수효가 6000점포가 넘는다고 하니 그 인기를 알만하지 않은가. 우리 아파트만 해도 앞뒤 정문과 후문에 있어 편리하기가 그저 그만이다.

　입이 심심해서 군것질 생각이 날 때도 가끔씩 들른다. 천 원짜리 과자가 투 플러스 원이라고 쓰여 있으면 재미가 있다. 등하교 시간에 학생들이 천 원짜리 한 장씩 들고 줄을 서서 계산을 하는 것을 볼 때는 공연히 즐거워진다. 참새 떼들이 몰려오는 시간이 등하교 시간이다.

집 앞 편의점에서 정기적으로 사는 물건은 우유다. 우유는 동네 마트보다 편의점이 더 싸다. 편의점 물건이 모두가 비싼 것은 아닌가 보다. 우유 말고 맥주도 동네 마트와 편의점이 같은 값으로 판매되는 것을 보면….

몇 년째 저녁 식사 때는 우유 한 컵씩을 곁들인다. 1000밀리 종이팩을 사면 4회에 나누어 마신다. 건강에 많은 도움이 되는 것 같다. 간편하기도 하다. 매주 한두 팩씩 사다보니 우유단골로 얼굴이 익혀진 모양이다. 어쩌다 마트에서 다른 물건을 사면서 우유까지 살 때는 편의점에 결근을 하면 이번에는 좀 늦었네요, 하면서 친절한 인사를 잊지 않는다.

아르바이트생이 자리를 지킬 때도 있지만 대부분 주인과 중년의 아주머니가 계산대를 지킨다. 두 분이 친절하여 가게를 다녀오면 기분이 좋아진다. 친절은 상대를 기분 좋게 해주는 명약인 것만 같다. 특히 아주머니가 친절하다. 언젠가 연세가 어떻게 되느냐고 묻기에 알려 주었더니 우리 아빠와 동갑이시네요 하면서 그때부터 특별히 친절을 베풀어 편의점 가는 발걸음이 가벼워졌다. 친절은 영양제 주사보다 더 효과적인 명약이다.

중년의 아주머니가 너무 친절하여 이 점포의 안주인이냐고 물었더니 자기는 알바라고 했다. 깜짝 놀랐다. 시간만 때우는 알바들과는 너무 달랐다. 타고난 친절인 것만 같았다. 책도 가까이하느냐고 물었더니 옆에 있는 몇 권의 책을 가리키면서 손님이 없는 시간에는 책을 읽는다고 했다.

오랜만에 반가운 친구를 만난 기분이었다. 주변에 책을 가까이 하는 사람을 만나기가 쉽지 않은데 친절이 몸에 밴 사람이 책까지 좋아한다니 대화 상대가 될 듯하여 기분 좋은 날이다. 수필집을 한 권 주겠다고 했더니 좋아하면서 꼭 주시면 고맙겠다고 거듭 부탁을 한다.

같은 물건을 사면서도 덤으로 주는 친절은 맛이 다르다. 오늘 우유는 특별히 더 고소할 것 같다. 값을 치르고 나오면서 선물을 받은 기분이다. 1000밀리 우유 한 팩의 가치는 얼마일까. 금액으로 환산할 수 없는 친절이 사람마다 다르니 참으로 기이하다.

오늘따라 지난날 아내가 하던 말이 귓전을 맴돈다. 남들이 하는 말을 이해하려고 노력을 하면 남들에게는 그렇게 이해를 잘하면서 가족에게는 자기주장만 하고 이해를 못하니 불만스럽다고 하던 말이 생각이 나 새삼스레 미안해진다. 없던 말을 만들어 낸 것도 아닌데 언제 그런 일이 있었나 싶은 것을 보면 지금도 나의 잘못을 부정하는 것 같아 부끄럽다.

친절과 이해는 엄연히 다른 단어이지만 일맥상통하는 것 같다. 이해만 잘하면 최상의 친절이 될 것만 같지만 상대의 말과 행동을 이해한다는 것도 쉽지 않은 일이다. 다툼이 생기는 것도 이해가 되지 않기 때문인데 친절이 끼어들어 이해를 시키는 방법은 없을까. 상대를 이해시키려 하기보다 내가 먼저 이해를 하려 노력하는 친절을 베풀 수는 없을까.

  친절 알바 아주머니가 계산대를 지키는 날은 물건을 사는 것이 아니고 선물을 받는 날이 되는 것 같다. 책을 가까이하는 사람은 책 속에서 이해의 폭을 넓히는 친절을 키워갈 것만 같아 독서의 중요성이 새삼스러워진다. 이번 주에도 다음 주에도 편의점 가는 발걸음이 가벼워질 것 같다.

타고난 밥그릇

　사람은 태어나면서 저마다 밥그릇 하나씩을 갖고 태어난다고 한다. 허황된 소리 같기도 하지만 신빙성 있는 사실 같기도 하다. 저마다 하나씩 갖고 태어난 그릇은 신비의 그릇이어서 물도 쌀도 담을 수가 있고 재주와 능력 부와 권력도 담을 수가 있는 만능 그릇이지만 철저한 비밀의 베일에 싸인 그릇이란다.
　사람은 저마다 욕심을 갖고 태어나 무엇이든 많이 갖기를 원한다. 하지만 갖고 태어난 그릇이 저마다 용량이 달라 알맞은 용량을 모르고 헛고생을 하기도 하고 과분한 용량을 담으려다 그릇이 넘치기도 하지만 더 심하면 그릇을 깨뜨려 일생을 끝내기도 하는 비참한 경우도 있다고 한다.
　타고난 밥그릇은 너무나 신비하여 아무리 채워도 채워지지 않다가도 어느 시기가 되면 쉽게 채워지기도 하고 일생 살아가는 동안 여러 차례 비워지기도 하고 채워지기도 하는 신비의 그릇이기에 사람들은 저마다 알 수 없는 그릇을 채우기 위해 잠을 설치기도 하고 위험한 일을 하기도 한다.

　시중에는 밥그릇과 비슷한 수저 얘기가 회자되고 있다. 누구는 금수저를 물고 태어났고 누구는 흙수저를 물고 나왔다고 정치권에서 회자되는 얘기지만 밥그릇 채우기에는 누가 앞서는지 세월만이 그 답을 아는 것 아닐까 싶다.

　사람은 태어나면서 신께서 정해준 밥그릇을 안고 살아가지만 너무나 신비한 그릇이어서 볼 수도 만질 수도 없다. 하지만 열심히 살아가면 조금씩 그릇이 채워지는 재미를 느끼기도 하는 것이 세상 이치로 알고 노력하면서 살고 있다.

　요람에서 무덤까지 호의호식하며 권세까지 누리는 화수분 그릇을 받아 태어난 사람이 있는가 하면 깨어진 바가지를 그릇이라고 받고 태어나 일생 동안 물 한 방울 담지 못하고 살아가는 천민들도 지구상에는 엄연히 존재하고 있는 것이 오늘날 지구촌의 현실이기도 하다.

　아파트 뒤에는 중소형 공장들이 단지를 형성하고 있다. 주변이 깨끗하여 주택단지를 연상하게 한다. 종업원 10명 미만의 소형 공장들이 주를 이루고 있어 소음도 없고 쾌적한 환경이 산업단지라고 믿을 수 없을 만큼 폐수도 쓰레기도 보이지 않는 깨끗한 곳이다.

　이 단지 가장 노른자위에 공장을 짓지 못하고 농사를 짓고 있는 4, 5백 평 가량의 밭이 있다. 공장이 들어선 당시 노른자위 땅이라고 너무 비싸게 팔려다가 실기를 하고 많은 세월 농사를 짓고 있는 것이 아닌가 짐작해 본다. 지금은 공시가마저 크게 올라 팔래야 팔 수 없는 애물단지 농토가 된 것 같다.

공시가로 따져도 엄청난 재산인데 해마다 고추를 심어 고생하는 것을 보면서 이 땅 주인의 밥그릇을 생각해 보게 된다. 해마다 고추 농사로 수확철마다 그 고생이 얼마일까. 쥐꼬리 수입으로 밥그릇에 담는 것이 그의 수입이니 제때에 토지를 팔았더라면 얼마나 좋았을까. 후회하는 세월이 얼마였을까. 그릇은 작은데 제때 팔았으면 그릇이 넘치게 되어 팔지 못한 것이 아닐까. 별별 생각을 하면서 공장단지가 아닌 애물단지로 보이기만 한다.

권력을 얻기 위한 권력 싸움은 역시나 정치권이다. 태어날 때 타고난 밥그릇은 생각 않고 권력 싸움에 가관인 정치인이 한둘이 아니다. 권력이 무엇이기에 사생결단 죽기 살기로 다투는 것을 볼 때는 선배들을 보라고 훈수 한 번 하고 싶다. 승자 패자 모두 그들의 지난날이 허무하지 않은가.

권력도 재물도 타고난 밥그릇에 정해져 있거늘 아무리 애를 쓴들 마음대로 될 것인가. 지자체장 중에 서울시장 다음으로 중요한 자리인 도지사를 한 S정치인이 대권의 꿈을 갖고 이 당 저 당 대표를 하면서 꿈을 이루려했지만 그의 밥그릇에는 권력을 잡을 자리가 없었는지 많은 세월과 에너지만 소모하고 야인이 되어 국민들의 관심 밖에서 사라진 인물이 되어 안타깝다.

오늘도 국회의원이 국회에서 구속을 면하려고 애를 썼지만 적부심이 가결되어 법원 판결을 기다리는 신세가 되었다. 권력을 이용 부당한 돈을 취해 구속 일보 전이다. 그의 밥그릇에는 약간의 권력이 들어갈 자리는 있어도 과다한 재물이 들어갈 자리는 없었나 보다.

지금도 날만 새면 세상이 시끄럽다. 권력을 잡아 보겠다는 측과 기어이 막아보겠다는 측이 사생결단이다. 수년 전 일을 먼지 털 듯 뒤집어 찌꺼기를 찾아 죄를 물으려 하고 한사코 결백을 주장하며 다투는 모습이 세상 사는 이치가 되어 가는 기막힌 현실이다. 승자와 패자의 결정은 언젠가는 나겠지만 결국에는 승자도 패자도 모두가 패자가 되는 것을 왜 모를까.

권력의 정상이 과연 그렇게 좋은 곳일까. 밥그릇에 호불호는 왜 없을까. 권력의 정상 그 자리의 뒤를 살펴볼까. 이승만 대통령도 말년이 얼마나 비참했는가. 말년을 미리 알았더라면 세상이 어떻게 되었을까. 자녀도 없는 이 대통령이 무슨 욕심을 부렸을까. 권력을 탐하는 주변의 부추김이 밥그릇까지 깰 줄이야!

최측근인 이기붕이 아들을 양자로 주고 온갖 권력을 휘두르면서 밥그릇에서 넘쳐나는 줄도 모르고 다음 권력을 이양 받기 위해 부정선거까지 저지르는 악행으로 국민적 저항에 견디지 못하고 일가가 흔적도 없이 사라지는 참극이 벌어졌으니 밥그릇 몇 개가 깨어지는 정도가 아니라 4.19까지 불러오는 단초가 되고 보니 이기붕의 그릇에는 명예이 그림자도 없었던 듯싶다.

자기 그릇의 양과 질 어느 것 한 가지도 알 수 없는 신비의 그릇에 채울 생각보다 이만하면 되었다고 겸손해질 수는 없을까. 참으로 어려운 것이 양보와 겸손이 아닌가 싶다. 욕심은 화를 부르는 칼이라는 것을 알면서도 멀리하지 못하는 것이 어쩌면 생존본능이 아닌가 싶다.

　내 밥그릇은 어느 정도일까. 살아온 세월을 거슬러보며 후회와 반성을 거듭한다. 이제는 밥그릇이 바닥이 보일 나이가 되고 보니 꿈도 욕심도 쪼그라들어 다투고 싸울 여력은 더더욱 없어 밥그릇이 깨끗해지길 바랄 뿐이다.

지나갑니다

사람이 살아가는 세상, 생로병사와 길흉화복이 있게 마련인데 그때마다 대처를 얼마나 잘하느냐에 따라 행불행을 결정하는 희망과 절망의 기회를 맞이하게 되지만 지나고 보면 아쉬운 것이 인생사다.

화려했던 과거와 절망적인 순간, 잊을 수 없는 과거가 누구나 있지만 다 지나고 보면 살아가는 앞날에 지표가 되는 스승이란 생각이 들어 고이 간직하게 되는 것이 아닌가 싶다.

온 국민의 가슴을 들뜨게 하고 행복하게 만들어 준 2002년 월드컵은 지나갔지만 잊을 수가 없다. 거리마다 전국을 붉게 물들인 붉은 악마, 일본과 공동 개최했지만 우리는 4강이란 신화를 창조하지 않았던가.

16강에만 들어도 체면을 유지한다고 전국이 응원을 하는데 유사 이래, 처음으로 8강에 올랐을 때 전국이 불덩이처럼 달아올랐었지. 참으로 감격적인 그 순간을 잊을 수가 없다. 히딩크 감독의 명 전술이라고 세상이 떠들썩했었다.

　국민들의 열렬한 응원과 감독의 전술, 거기에다 붉은 악마들의 함성이 하나가 되어 생각지도 못했던 4강 신화가 이루어졌다. 8강과 4강에 올라갈 때마다 전 국민이 하나가 되어 기적은 이루어지고 있었다. 4강에서 이겨 결승에 올라갈 꿈에 5천만이 뜻을 모아 응원이 최절정에 이르기도 했다.

　4강전에서 터키에게 져 결승전 꿈은 접었지만 국민 누구도 아쉬워하지 않았다. 잘 싸웠다고 훌륭하다고 칭찬 일색이었다. 감독 히딩크는 세계적인 감독으로 우뚝 올라서는 아름다운 경기였다. 영원히 지나가지 말고 제자리에 있기만을 간절히 바라는 세기적인 월드컵 경기였다.

　너무나 화려했고 행복했던 월드컵도 어쩔 수 없이 지나가고 말았다. 세상은 그렇게 지나가고 있다. 지나가고 있기 때문에 더 좋은 세상이 오기를 기대하는 희망을 갖고 내일을 기다리는 것이 인생이 아닌가 싶다.

　가까운 인척 두 사람이 병환으로 어렵게 시간을 보내고 있다. 처제의 남편인 손아래 동서는 건강에 지나치게 자신하여 웬만한 병에는 병원을 멀리하더니 이번에는 스스로 병원을 찾아 암 진단을 받고서야 운동도 조금씩 한다고 하니 지나온 과거를 후회하는 것 같아 지켜보는 우리까지 마음이 아프다.

　손아래 막내 처남까지 아직은 나이도 많지 않은데 희귀질환으로 어렵게 시간을 보내고 있다. 치료약이 없어 어두운 시간을 보내고 있었는데 드디어 신약이 개발되었다고 하니 어둡던 밤을 지나 보내고 밝은 태양을 맞이할 날이 오기를 희망 속에 내일을 기다린다.

불과 2년 전에는 두 사람 함께 3박 4일 여행이 아름다웠던 과거가 되고 말았으니 세월은 참으로 빠르기만 하다. 지난해 한 번 더 여행 계획을 세웠지만 처남의 상태가 좋지 않아서 안타깝게도 취소하고 말았었는데 동서까지 여행 불가 진단을 받았으니 어찌할 수가 없지만 오늘 지나고 내일이 오면 좋은 결과가 나타나기를 기다리는 마음 간절하다.

세상은 세월이 지나가기 때문에 살만한 것이 아닌가 싶다. 지나가지 않고 제자리에 있다면 세상이 어떻게 될까. 생각만 해도 끔찍하다. 좋은 일만 있는 세상이 아닌 만큼 괴롭고 어려운 일에 고통스러워할 때 지나가지 않는다면 바로 지옥이 아닐까. 지나가기 때문에 밝은 빛을 볼 수도 있는 세상이니까.

어려울 때 참고 견디는 것은 지나가기를 바라는 간절한 바람이다. 지나간다는 것은 좋은 일을 다시 만날 수 있다는 희망이니까. 탄광 사고로 39일 동안 땅속에 갇혀 있던 광부가 밝은 태양을 볼 수 있게 된 것도 그 어려운 시간도 참고 견디면 반드시 지나간다는 희망을 믿었기 때문이리라.

겨울철 혹한을 지나고 나면 따뜻한 봄이 오는 것은 만고의 진리 아닌가. 봄이 오면 개나리 진달래가 예쁜 모습으로 활짝 웃지만 사람들이 지루하지 않게 금방 지나간다. 목련이 피고 이어 벚꽃이 진국을 꽃 세상으로 만든다. 많은 사람이 꽃에 파묻혀 환호하지만 이 꽃 또한 지루하기도 전에 지나가 아쉬움을 남기지만 신의 뜻이 오묘하다.

나라를 빼앗기고 혹한보다 춥고 어두운 세월도 우리는 참고 지나왔다. 그 긴긴 세월을 지나면서 겪은 고통이 얼마일까. 쓰라린 경험을 교훈 삼아 허리띠 졸라매고 밤을 낮 삼아 일하면서 보릿고개도 무사히 넘고 세계 열강들과 어깨를 겨루는 부를 이루어 오늘의 경제대국이 되었으니 지나온 길이 자랑스럽다.

힘든 과거를 지나왔으니 이제는 탄탄대로를 콧노래 부르면서 평화로운 행진을 했으면 좋겠다. 너도나도 모두의 소망일 것이다. 다정하게 정을 나누던 이웃이 어느 날 아파트라는 새로운 주거 형태가 생기면서 남남이 되어버린 안타까운 현실, 이웃사촌이 없어진 새로운 세상 적응하기가 또한 쉽지 않다.

가족도 마음대로 만날 수 없었던 지난 3년여 코와 입을 막고 살면서도 우리는 힘든 터널을 무사히 지나왔다. 어떤 장애물도 우리 앞길을 막을 수는 없다. 전철을 타고 외출을 하다 보면 시각장애인은 특수지팡이에 의지하고 청각장애인은 수화로 소통하면서도 하루의 소임을 하는 것을 보면 어려움은 지나 보내고 밝은 내일을 위해 오늘을 살아가는 모든 사람이 똑같아 보인다.

지나간 모든 것 지나온 오랜 세월 우리 삶의 거울이다. 거울을 보면서 내일을 준비하자. 유비무환 오늘보다 좋은 내일을 위해 오늘을 지나갑니다.

김숙동 수필집

인생은 여행 중

2025년 8월 20일 초판 인쇄
2025년 8월 25일 초판 발행

지은이   김숙동

발행인   강병욱
발행처   도서출판 교음사
편집   수필문학사

03147 서울 종로구 삼일대로 457 수운회관 1308호
Tel (02) 737-7081, 739-7879(Fax)
e-mail : gyoeum@daum.net
등록 / 제2007-000052호

* 잘못된 책은 바꿔 드립니다. 값 15,000원

ISBN 978-89-7814-038-6 03810

- 이 책은 한국예술인복지재단의 창작활동준비금을 지원받아 제작되었습니다.

- 이 책 내용의 전부 또는 일부를 재사용하려면 저작권자와 교음사의 동의를 받아야 합니다.
  지은이와의 협의 하에 인지는 생략합니다.